你的孩子被手机和iPad绑架了吗？

NI DE HAIZI BEI SHOUJI
HE iPad BANGJIALE MA

王意中 / 著

大连理工大学出版社
DALIAN UNIVERSITY OF TECHNOLOGY PRESS

图书在版编目(CIP)数据

你的孩子被手机和iPad绑架了吗？ / 王意中著. —
大连：大连理工大学出版社，2017.11
ISBN 978-7-5685-0766-0

Ⅰ.①你… Ⅱ.①王… Ⅲ.①互联网络—影响—家庭
教育—研究 Ⅳ.①G78

中国版本图书馆CIP数据核字(2017)第081587号

大连理工大学出版社出版
地址：大连市软件园路80号　邮政编码：116023
发行：0411-84706041　邮购：0411-84706041　传真：0411-84707403
E-mail:dutp@dutp.cn　URL:http//dutp.dlut.edu.cn
大连金华光彩色印刷有限公司印刷　　大连理工大学出版社发行

幅面尺寸：168mm×235mm　　印张：11.25　　字数：135千字
2017年11月第1版　　　　　2017年11月第1次印刷

责任编辑：陈　多　　　　　　封面设计：刘　超

ISBN 978-7-5685-0766-0　　　　定价：28.00元

本书如有印装质量问题,请与我社发行部联系更换。

【自序】

行驶在"电子产品和网络"的高速路上，请保持安全车距

◎关于上瘾的顿悟

我要先忏悔。

那天早晨，我撞了头——在从西区停车场走进台北车站的长廊里。没错，我就那样不知不觉地，重重地撞到了前方的柱子上。眼镜滑落鼻梁，右侧的额头上也因此留下了一道疤痕。当时，砰的一声很响亮，让坐在一旁椅子上的路人纷纷将注意力转到我身上。

说真的，当时我既尴尬又难堪，真想挖个地洞钻进去，但还是很优雅地扶正有些歪斜的镜框，摸摸略微红肿的伤口，把"肇事"的手机收起来。低着头，我快步往高铁入口而去，以便准时搭乘南下列车继续前往演讲的目的地。

当时，我终于知道什么叫走路不长眼睛了，一切只因低头瞧着手机里的信息。唉！不能怪手机里字太多，害我读得太投入；也不能抱怨前方的柱子被用板子围起来，警示太突出，因为没有人叫我边走路边看手机。

我运气还算好，当时是一大早，车站人潮还很少，否则当下笑声一定少不了。那场景足够登上像《欢笑一箩筐》一样的喜剧节目。

撞了柱子，让我顿悟，让我思考，自己在使用手机上是否太沉迷了？

当然，你的顿悟，不需要撞柱子。

◎孩子只是跟着你学

电子产品与网络，我们每天都在使用。无论是生活、工作、娱乐、沟

1

通,或者打发时间,我们电子产品不离手的行为都在不知不觉地暗示着孩子——电子产品和网络很好玩,很好用。大人爱电子产品、频上网,孩子也参照效仿。只是当孩子越来越着迷的,大人心里却越来越不安。

但是,谁让我们不断地示范、放大并强化电子产品与网络在我们生活和工作中的重要性呢?我们展现出对于电子产品与网络的渴望,同时,也让孩子产生了对于电子产品与网络的渴望和想象。

现代父母把电子产品、网络视为亲密爱人,却认为它们对孩子来说是恐怖分子、魔鬼的化身。

大人不断追求手机的智能性,不停下载各种应用软件,时时跟踪最新资讯,却衷心希望孩子"斩断情丝",不要和电子产品和网络碰面。同一样事物,两套标准,这对孩子来说,根本没有说服力。

◎ 亲子之间的碰撞

本书中的电子产品是对计算机、通信设备、娱乐型电子产品等用品的简称,例如平板电脑(iPad等)、笔记本电脑、台式电脑,手机等通信设备,以及电视、音响、DVD播放器、游戏机等娱乐型电子产品。

通过电子产品与网络,我们对这个世界有了更多、更快速的了解,同时,这些电子产品也充分满足了人们休闲娱乐、人际互动等方面的需求。当然,还有更多意想不到的无限可能。

可以想见,如此迷人又具有诱惑力的贴心媒介,像手机、平板电脑、台式电脑等,对于孩子的身心发展及亲子关系将带来一破又一破浅层与深层的震动。当孩子与电子产品和网络相遇时,如果孩子能适应使用,适时放手,不影响日常生活的话,父母可能不会提出异议;但如果孩子因为心智发展不成熟或身边人不良示范等原因沉迷于电子产品和网络,对其成长造成负面影响,那亲子之间可能就会产生冲突。

◎ 成瘾率逐年攀升

凡事过与不及,都不是好事。

台湾省教育主管部门公布的《学生网络使用情形调查与分析》显

示，在在线游戏和智能手机沉迷与成瘾率方面，高中生的在线游戏成瘾率：2013年为9.7%，2014年为11.5%。智能手机成瘾率：2013年为15.4%，2014年为18.0%。这两项数据均有上升的趋势。

◎网络成瘾，我们都有可能深陷其中

说成瘾，太沉重！没有人喜欢被贴上标签，父母也很怕这个标签会找上孩子。

网络成瘾，在诊断与界定上仍存在着许多争议。目前在《精神疾病诊断与统计手册》(第五版)中，网络成瘾还不是一个正式的诊断名称。然而，在临床实务中，许多孩子因为沉迷于手机、电脑、网络、在线游戏等，造成生活、学习、人际、行为、情绪等方面的极大困扰与妨碍，父母和孩子都苦不堪言，更有甚者还需要寻求专业咨询与治疗。

这件事，父母绝不能等闲视之。

因为，我们与孩子都有可能深陷其中，而不自知。

当然，你的孩子不一定会陷入网络沉迷、成瘾的黑洞中，但是若我们试着先了解一些网络成瘾的现象，将有助于我们觉察孩子对电子产品及网络使用行为的适当性，必要时可以给予协助，让孩子不至于往黑洞的方向走去。

◎不可能远离，但要有原则

电子产品与网络就存在于生活之中，孩子不可能远离，而且也没必要远离。遮掩，视而不见，把电子产品隐藏起来，把网络断了线，说实在的，一点必要也没有。

电子产品与网络不是瘟神，请别把它们污名化。

电子产品与网络本身没有好坏之分。

但是对于孩子接触电子产品与网络，我有自己的一套原则：

● 使用前与使用后，孩子的态度要一致

● 使用前与使用后，孩子的情绪要一致

● 使用前与使用后，孩子的作息要一致

●使用前与使用后,孩子的学习表现要一致

●使用前与使用后,对于周遭事物的关注要一致

如果孩子在使用之后,在上述各方面都有变化,那就现阶段来说,电子产品与网络对孩子就是"不好的东西",孩子还没有"本钱"使用它们。

孩子是否有"本钱"使用电子产品和网络,一项重要的判断标准,就是观察孩子在面对电子产品和网络的吸引时,是否能够做到"不粘连":适时离手,切换自如,在停止使用之后,能够继续做当下该做的事。我们都在学习与电子产品和网络发展和保持正常的关系。

如何让孩子与电子产品和网络保持"安全车距",这是现代父母必须正视的一个课题,而这也是我写这本书的主要用意。

◎从学龄前阶段就要重视

在这本书中,我将和读者们分享孩子和父母在面对电子产品与网络时发生的三十个切身故事,并针对学龄前、小学、初中、高中青春期阶段的孩子在接触和使用电子产品和网络的过程中可能出现的状况,一一展现并给出破解的秘诀。内容涵盖:①保持适当的接触频率;②坚持合理的使用规范;③了解沉迷的关键原因;④摆脱成瘾的痛苦困境;⑤破解成瘾的共伴效应。希望父母通过阅读这本书能帮助和指导孩子,让孩子与电子产品和网络建立起相互独立的关系,减少孩子对电子产品的依赖、沉迷,使生活与学习回归规律的节奏。同时,也希望父母和孩子都能善用科技带来的便利与美好。

谨将此书献给在兰阳平原上的,我亲爱的母亲、妻子与姵涵、翔立、涵立三个宝贝。

编辑寄语

前一段时间,小编在朋友圈看到一则泰国电子商店的广告——《小孩不乖,给他手机或平板即可》。这个广告在微信朋友圈和网络上"火"了一阵,网友们纷纷转发和分享。

广告里一对夫妻去电子商店为五岁的儿子选平板电脑,结账时售货员询问父母,

售货员:请问这台平板是为谁买的?

父亲:我儿子。

售货员:请问您儿子现在几岁呢?

父亲:五岁。(父亲指了指旁边趴在柜台上的儿子)

售货员:那请您七年后再来领取吧!

父亲、母亲和孩子:……(脸上露出惊讶和不解的神情)

售货员:十二岁后才是适合使用平板电脑的年纪。他现在年纪还小,应该多与你们共度快乐时光,去体会爱与温情,而不是让科技麻痹他的心灵!

……

小编作为一个五岁半孩子的妈妈,看后很受震撼,且深有同感。因为住在高层的楼房中,每天回家或出门都需要乘坐电梯。通常在电梯里,小编会和女儿聊天,问问她在幼儿园里的情况,或者听她讲和小朋友们之间发生的各种有趣事情。但自从电梯里安装了屏幕广告后,女儿一进电梯便会被屏幕里的声音和画面吸引,目不转睛地仰头看着屏幕里的广告,仿佛电梯里只剩下她一个人,完全忽略了周遭的人和事物。有一次,因为手里拎着很多东西,到达楼层后小编先一步走出了电梯,回头找女儿的时候,发现她还在"聚精会神"地盯着屏幕,完全不知道已经该下电梯了。那次的经历让小编至今难忘,女儿当时的神情和

举动不时地浮现在脑海中。广告屏幕就像一把无形的手，紧紧地把女儿困在原地，使她一动也不能动，女儿所有的注意力和精力都被牢牢锁定在那块小小的屏幕上。这样的亲身经历真真切切地印证了上面广告里提到的：科技麻痹了他们的心灵！

日新月异的科技发展，既给我们和孩子带来无限的可能和足不出户就能看到的广大世界，但也把我们的生活锁定在了那个小小的屏幕世界里。越来越多的父母每天奋战在随时随地上演的"亲子手机/iPad争夺战"中，却束手无策。问题到底出在哪里，父母又该做些什么呢？这是这个科技时代里，新手父母面临的最迫切并急待解决的难题。

小编作为父母和编辑，一直关注着这方面的信息和资料。这个难题一直被各方教育人士和专家所关注，在网络上也可以找到解决这一问题的各种声音和建议。但这些碎片化的建议缺乏专业性和系统性，对父母日常生活中的实际指导意义不大，可操作性不强。

直到小编遇到这本书——《你的孩子被手机和iPad绑架了吗？》。当看到这本书的书名时，小编瞬间感觉自己"躺枪"了。它戳中了当下因电子产品和网络产生的诸多亲子冲突的要害。"你的孩子被手机和iPad绑架了吗？"这个问题问到了很多父母的心里。父母往往会埋怨电子产品太吸睛，网络环境不纯洁，或者埋怨孩子无节制地使用，不自律。但父母忽略了问题的关键：亲子之间关于电子产品和网络的冲突，最终的导火索在父母身上，是父母给孩子提供了电子产品；同时，亲子之间的"电子争夺战"之所以会不断重演，也是因为孩子在一次次的试探中将电子产品作为情绪勒索工具，而父母在"勒索"面前频频妥协。

找到了问题的症结，那父母到底应该怎么办呢？

这本书的特点在于，作者不仅为困惑中的父母指明了问题背后的根本原因，而且提供了可在实际生活中操作和使用的技巧和方法。作为三个孩子的父亲，还拥有自己的心理咨询工作室，作者与孩子相处的经验非常丰富，也十分了解父母和孩子心中所想。书中精准还原了生活中亲子之间因为电子产品和网络发生的冲突，让小编这样的父母读后共鸣感油然而生。

作者将父母们最关心和困惑的30个问题分门别类,从五大方面条理清晰、明了地给父母指出了背后的原因,并提供了实用的、可操作的对策和建议:

(1)孩子什么时候适合接触电子产品和网络?

(2)接触之后,父母在孩子使用过程中应该订立哪些具体的使用规范?

(3)为什么有些孩子会沉迷于电子产品和网络,到底是谁之过?

(4)孩子一旦成瘾,父母应该怎么协助孩子摆脱困境?

(5)当有特殊需求的孩子遭遇网络成瘾时,父母应该怎么办?

针对每个问题,作者逐条给出破解秘诀,父母可以根据自己孩子的情况按需索骥(电子产品不上瘾的128个秘诀),使用起来非常方便。而且作者语言幽默诙谐,读起来十分有趣,一点也不枯燥;同时,作者非常了解孩子内心的想法,通过作者的描述,父母还能窥探到孩子内心的真实想法,进一步熟悉和了解自己的孩子,真是一举两得!

古话说得好:"不养儿不知父母恩。"作为一个80后新手父母,小编常常感叹:"不教养孩子不知父母难当啊!"作为父母,当我们因为对孩子不了解,因为找不到问题的症结所在,因为不懂得教养的技巧和方法,而一直被困在问题的圆圈里走不出去时,就从书中、从其他人的经验中,最重要的,从观察和了解我们的孩子中去学习和成长吧。家庭和亲子教育,不止是教养和教育孩子,也包括我们自己。家有"电子儿童"的父母们,不如就从这本书开始吧!

目录

远离网络成瘾第 5 部
破解成瘾的共伴效应

电子产品

不上瘾的 128 个秘诀

远离网络成瘾第 1 部

保持适当的接触频率

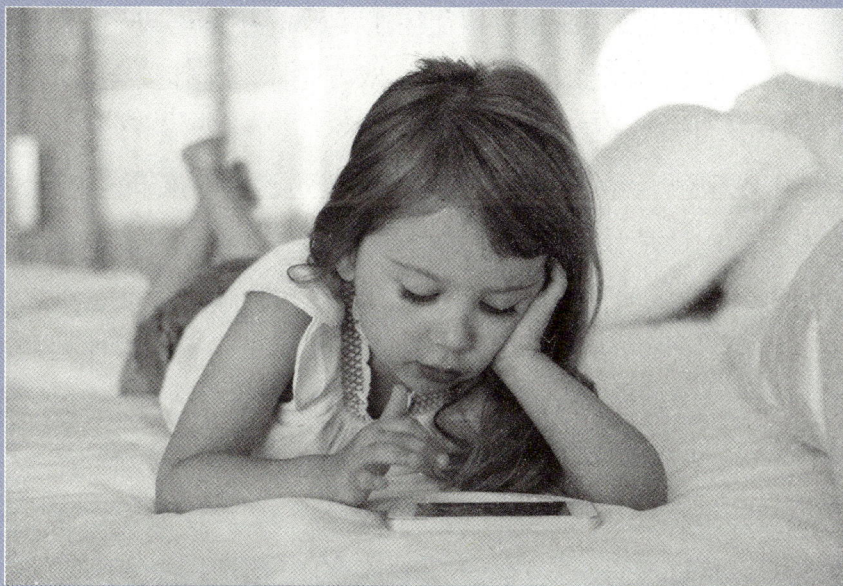

问题一

【速成的电子保姆代价太高】
父母真要放弃教养权？

我时常跟其他作父母的朋友们分享一个我自己的体会：有了孩子之后，我发现自己的时间被切分得很琐碎，而且不只是我，许多上班族父母、家庭主妇与主夫也有一样的感受。如果父母期待拥有自己的完整时间，那简直是痴人说梦。

父母的时间被压缩了，当然，耐性也相对变得有限。工作、家事与烦恼占满了父母的心思、时间与有限的精力。这时，如果把孩子这项"变量"再加进来，特别是在有些家庭里，孩子不止一个，假如有两个、三个，那种"热闹"的场面，往往令身处教养第一线的父母不敢再往下想象。

与孩子的面对面交锋和过招往往让父母心力交瘁。父母家里经济宽裕一点的、有长辈帮忙的，或者父母双方是双职工需要上班的，干脆就将孩子交给长辈或专业保姆来照顾。然而，就算孩子每天二十四小时都交由保姆照顾，也终究会回到父母的身边。教养孩子这个"最甜蜜的负担"该来的还是躲不掉。

即使是最心爱的宝贝，如果闹得实在太厉害，做父母的也难免会嫌吵，尤其是面对年幼的"小萝卜头"时，新手父母更是容易六神无主。"别来烦我！"相信这是许多父母心里有过的独白。当然，压抑不住情绪而忍不住对孩子大喊大叫的父母也大有人在。

只是，父母选择在亲子交手的当下发飙，当时孩子看似被你压制住了，但往往用不了多久，孩子会继续狂哭大闹，歇斯底里地闹情绪。如此的恶性循环，最后只会换来亲子关系的两败俱伤。

幸好，父母发现幸运之神眷顾着自己，甚至幸运之神就掌握在自己的手中。没错，它就是电子产品（iPad类平板电脑、手机、台式电脑、电视、游戏机等）。

父母每天爱不释手的电子产品竟然有如此的魔力！或者应该说，电子产品真的是太贴心，太了解父母了。它们对于安抚吵闹的孩子竟然这么有效，可以让孩子瞬间安静下来。这一点，正合心意。

如今在越来越多的家庭中，父母将电子产品当作"电子保姆"使用，帮助自己"看管"孩子。父母很容易沉醉在孩子不吵不闹的安逸环境中，感到轻松不已，于是把这一切都归功于电子产品。

我们可以比较一下，每个月的保姆费（还不包括来回接送的交通费、年节的送礼费、日常生活用品等开销），与买一台平板电脑的花费（现在的售价越来越便宜了），以及那几支淘汰的旧手机的费用相比，哪个更划算？

稍做思考，父母的选择当然是电子产品。因为神奇的平板电脑、手机等电子产品能发挥神效，迅速让孩子安静下来，而且它们的价格远比雇保姆便宜得多。

然而，真的是这样吗？

父母以为"电子保姆"物美价廉，性价比高，然而一旦"雇用"之后就会发现，要付出的代价可不小。小心！孩子沉迷于电子产品的后果在等着你。

保持适当接触电子产品与网络的秘诀

🔧 秘诀001　谁说"西线无战事"？

🔧 秘诀002　别轻易放弃你的教养权

🔧 秘诀003　别迷失在"智慧"的光环里

🔑 秘诀001　谁说"西线无战事"？

"电子产品有如亲子关系的润滑剂。""手机、平板电脑、台式电脑是亲子间的最佳调解人。"许多父母觉得上面的说法没什么问题，甚至可能深信不疑。

当父母看见孩子聚精会神地盯着手中的屏幕，手指不断地点按、滑动，嘴角不时流露出喜悦和满足的笑容，那副陶醉的迷人模样让父母忍不住偷笑。眼前的孩子好专心、好投入、好开心，更重要的是，孩子只顾着玩，不会吵到你。父母心想：电子产品还真好用。科技不只为生活带来便利，同时也像个亲子好帮手，为父母"排忧解难"，像居家保姆般陪伴着孩子。

可是，你真以为"西线无战事"？

错了！其实是我们在粉饰太平。

或许父母会觉得，电子产品减少了父母和孩子之间的冲突，让父母免于变脸成打手、骂手，这不是很好吗？更何况，大家做自己想做的事，玩自己想玩的游戏，各取所需，也是一种不错的选择。虽然没交集，倒也相安无事。

然而，就是这份"相安无事"，有时会像吗啡一样，让人忘了电子产品的无节制使用会对年幼的孩子带来怎样的负面影响。只不过，现在孩子还小，父母自然不会想到这些，因为不管大人或小孩都还沉醉在电子产品带给自己的虚幻美梦里。

电子产品就像蜜糖一样，让孩子爱不释手；而手拿"蜜糖"，安静专注的孩子也让父母频频放手不管。

🔑 秘诀002　别轻易放弃你的教养权

电子产品无所不在，吸睛魅力无法阻挡，让孩子长时间流连忘返，甚至几乎忘了父母的存在。但是，若父母不断拿电子产品"喂养"孩子，那么将使得他除了吃、喝、拉、撒、睡等生理需求会找你之外，你对孩子的意义，就只是一个"电子产品供应站"。

另外，孩子让电子产品陪伴久了，有一天父母会惊觉，自己竟然不知道可以和孩子做什么、聊什么和玩什么。虽然父母可能感到有些淡淡的失落，但转念又想：还好有电子产品在，难得享受没有孩子打扰的时光，这不是挺好的吗？

真的如此吗？要知道，当电子产品成了孩子的贴身玩伴、虚拟保姆，取代了父母实际的陪伴，它将很容易阻碍亲子之间亲密关系的发展。孩子长期使用电子产品后，电子产品屏幕亮度增加了，机身热度持续上升，但孩子却缺失了与父母拥抱的温度。电子产品让孩子的手感敏锐，却容易让亲子关系疏离。

的确，电子产品不坏，孩子也喜爱，但是父母的角色绝对不能被它取代。"电子保姆"要适可而止。

父母们，请别轻易放弃你们的教养权。

秘诀003 别迷失在"智慧"的光环里

当然，父母可能也有话要说："现在不是有许多电子学习软件，很适合孩子的学习与发展吗？"

电子产品一旦被冠上"科技""电子"这些字眼，便让许多父母觉得手拿这些产品的孩子已走在时代发展的前端。有些家长甚至为自己的孩子对手机和平板电脑能快速上手而骄傲欣喜。毕竟，孩子手上握的是有"智慧"的科技产品，以此类推，眼前的孩子，未来也将是"智能型"的。更何况，孩子使用电子产品的专注模样，是那么令人着迷，还附带不吵不闹。

但是，父母请别被眼前的美好景象蒙蔽了。孩子看似专注的模样

你的孩子被手机和iPad绑架了吗?

其实只是个假象。

许多孩子容易被电子产品散发的声光效果吸引。请特别注意,这些声光刺激像条粗绳子般,用力地把孩子的注意力牵制住。孩子当时的专注只是一个幻影,孩子当时是被动的,而不是主动地专注在事物上。

父母可以进行一项简单的测试,观察看看:在孩子玩电子产品一段时间后,他再玩过家家、拼图、积木、火车轨道、抛接球、弹奏乐器等游戏可以玩多久?听父母讲故事、听音乐时,孩子的专注力持续性又如何?

最怕的就是孩子玩过电子产品之后,对于其他的事物就感到索然无味了。别说专注力,可能对于接触其他事物都失去了好奇心、兴趣和动力。

电子产品纵然有无限好,但是孩子还是少碰为妙。

问题二

【孩子吵,别只靠电子产品转移注意力】
这是管教,还是逃避?

"丹丹,安静一下,爸爸在写东西,你不要去吵他。"

两岁半的丹丹不顾妈妈轻柔的提醒,仍然晃到爸爸的电脑桌前。爸爸转了个身,摇着头,比了个"嘘"的手势,同时眉头深锁着暗示一旁的妻子,要她赶紧把眼前这个小捣蛋鬼带离现场。

"爸爸,我要玩! 爸爸,我要玩!"

丹丹不管三七二十一,整个人的身体硬是要挤进爸爸微凸的肚子与电脑桌之间的狭小空间。

"丹丹,你别闹了,快离开。"妈妈走过来想要拉走丹丹,因为丈夫已经多次提醒过她:"拜托,帮个忙,把孩子照顾好,别让她烦我!"

丹丹放声大哭:"我要玩! 我要玩!"

爸爸的耐性原本就不好,再加上时时被催促的文案一直写不出来,焦躁之下,他按捺不住火气,对妻子嚷着:"把孩子带走,拿 iPad 给她玩! 拜托拜托,我需要安静。再哭下去,我的灵感都被她哭跑了!"

说真的,妈妈有些无可奈何,她实在不想每次都用 iPad 来摆平丹丹的哭闹,可是在丈夫的抱怨和催促之下,一时之间实在找不到好的转移方式,让眼前的孩子安静下来。

这回,丹丹又得逞了。她的嘴角随着 iPad 的开启而上扬,但妈妈的心却纠结着。

孩子很吵,孩子爱闹,特别是两三岁的孩子,总是令新手父母受不了。你没看老外也常苦恼嚷着:"Terrible two, horrible three."可怕的两岁、恐怖的三岁,让父母走入教养的黑暗期。

孩子吵闹,非常自然,而父母头疼,也理所当然。

面对眼前吵闹不休的孩子,许多父母在绞尽脑汁仍然束手无措的情况下,哪里还有什么时间去想:哪本书或网络上哪篇文章里有写到如何有效"处理"眼前孩子的吵闹呢?

可是,当父母灵光一闪,顺手把手机、平板电脑递给孩子后,奇迹出现了,孩子就像开关被关上的玩具一样,不吵了。

孩子安静了。天啊! 手机、平板电脑让孩子安静了,而你就是最佳见证人。父母不禁心想:这种神奇的效果,哪是所谓的亲子教育专家能比的! 更重要的是,孩子可以安静很久。

手机、平板电脑像个定心丸一样,让父母松了一口气。

这时,父母更不会在乎用电子产品来处理孩子的情绪问题会产生什么负面影响。电子产品可以有效安抚孩子,何乐而不为呢?

孩子吵闹,为什么不能给电子产品?

保持适当接触电子产品与网络的秘诀指南

🔑 秘诀004　电子产品浅尝辄止

🔑 秘诀005　图个耳根清净的代价太高

🔑 秘诀006　让情绪转移没有副作用

🔑 秘诀004　电子产品浅尝辄止

如果偶尔使用电子产品作为转移孩子情绪的方式还是可以考虑和接受的,但是"点到为止"是比较保险的做法。对于孩子来说,手机、平板电脑等电子产品像是添加了人工色素、人工香料和防腐剂的零食一样,多吃有碍身心健康。

让我们仔细想想可能发生的状况：

当孩子吵闹的时候，父母递出手机、平板电脑让他安静了下来——到这里还没有什么问题，孩子的注意力被转移了。

但是当父母食髓知味，一次又一次在孩子吵闹时上给予他电子产品作为安抚，这时，情况就会开始出现反转了。

现在会变成孩子开始吵着跟父母要手机、平板电脑。父母不给，他就继续吵。反正，孩子哭闹无需本钱，随时随地就可以开始。我常常提醒父母们一件事：孩子熟悉我们，胜过于我们熟悉他。父母会发现，孩子一定会在你最忙、最分身乏术时吵着跟你要玩电子产品。他会一直吵，一直要，直到你妥协"缴械"为止。

这时，原本具有情绪安抚功能的电子产品，竟化身为孩子吵闹、情绪波动的源头。

我要玩手机！"两三岁的孩子自我意识很强，想干什么就干什么。这个年龄段的孩子在表达自己的需求上态度很强烈，简单来说就是我就是要！父母不给，他会一直重复再重复，让父母招架不住，忍受不了。

受不了孩子的吵闹时，父母便会不断地妥协，再妥协，这时电子产品就被孩子占领了。或者正确地说，是孩子的"心思"被电子产品占领了。

🔑 秘诀005　图个耳根清净的代价太高

亲子教育最怕的情况之一，就是父母只图个耳根清净。许多时候，父母很怕孩子在一旁吵，特别是当父母忙了一整天的工作，或做了一整天的家事之后，希望能够拥有自己的清净时刻。

然而，对于有两三岁幼儿的家庭来说，图个清净却成了一种奢望。许多时间就被孩子一下子要这个、一下子要那个地消磨光了。如果再发生家中兄弟姐妹吵成一团的状况，那种场面就更容易激起父母不耐烦的情绪。

但是,神奇的电子产品降临了,孩子像被施了魔法般变得安安静静,甚至当父母去找他、打断他时,他可能还会给父母个白眼,要父母也安静。在电子产品的"陪伴"之下,父母难得偷来了一会儿清净。

这种用电子产品换清净的生意对于父母来说,乍看之下稳赚不赔:孩子乐在其中,父母图个清净,宛如一场双赢交换。

一开始,父母大概不觉得有什么不妥,甚至欣喜地认为孩子能够提早接触科技产品,开开眼界,使用智能型手机、平板电脑,这对于孩子未来的成长,是一种好事。

图个清净,就这样使亲子关系一路安安静静,因为孩子就在父母旁边目不转睛地继续他的电子产品奇幻漂流。

但是在安静的背后,有些麻烦的事正悄悄地发生。孩子沉溺于屏幕里的声光画面,大人也继续图个清净,然而,当父母要暂停他的电子产品奇幻漂流时,真正的冲突就一触即发了。父母想要拿走孩子手中的电子产品,就像要他"缴械""放下武器"一样,谈何容易?他一定会奋力挣扎! 一场电子产品争夺战就在亲子之间激烈展开,而这一局,父母可不一定能够取得胜利。

只图个清净,却让父母付出了巨大的代价! 而且,后续影响的"循环利息"还没跟父母算呢!

🔑 秘诀006　让情绪转移没有副作用

电子产品的确是转移孩子情绪与注意力的方式之一,但父母请提醒自己,它绝对不应该是唯一方法,更不能频繁使用。那么父母会问:"孩子吵闹时,我该怎么办?"

请仔细回想以往的经历,在什么情况下,孩子的情绪比较容易被安抚下来? 拿起笔,想一想,一条一条列出来。这么做,会让我们更加了解眼前的孩子。

转移情绪的方法，因人而异。父母可以朝五感的方向思考：视觉、听觉、触觉、嗅觉、味觉。例如：

●视觉：让孩子看窗外的雨，欣赏水族箱里悠闲游动的鱼，翻翻色彩丰富的绘本。

●听觉：给孩子聆听轻盈、美妙、安抚人心的音乐。

●触觉：拥抱你的孩子，轻抚他的脸庞、肩膀、手臂。

●嗅觉：让孩子闻闻香甜的水果香和芬芳的花香。

●味觉：让孩子品尝点心、喝杯牛奶，尝尝新鲜食物的滋味。

父母可以继续动脑想想其他方法：比如让猫咪或小狗陪伴孩子或者干脆你和孩子一起玩。

与电子产品相比，以上的转移方法相对来说没有副作用。

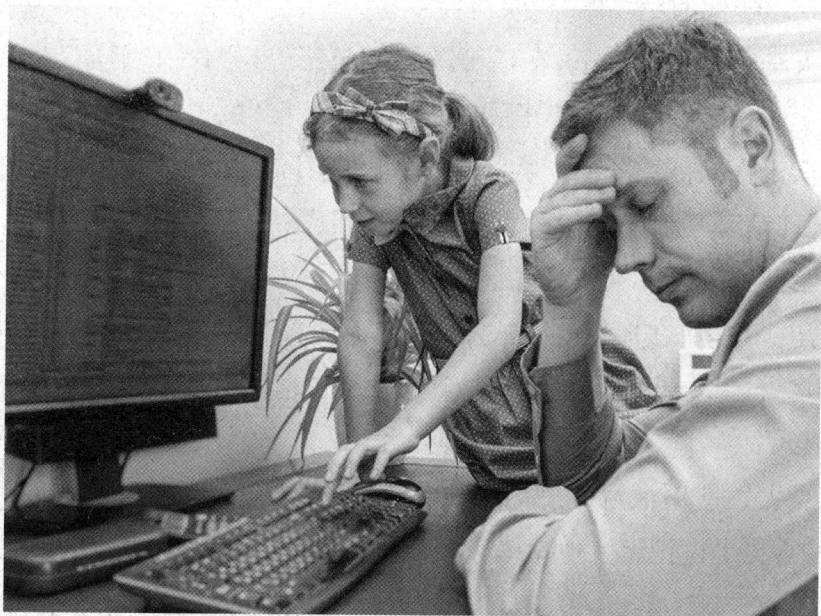

问题三

【跳出全有或全无的思考】
该不该让幼儿接触电子产品？

让三岁前的孩子不接触任何电子产品，这在现实生活中其实很难。想让电子产品像恐龙般在孩子眼前销声匿迹，还真的不容易。除非，父母或孩子身边的其他照顾人不在孩子面前"晃"手机，引诱孩子的注意。但大人们真的做得到吗？

父母总是拿起手机对着孩子说："来，看这边、看这边！好，笑一个。"父母在他眼前拍照、录像，孩子也会好奇地盯着父母手上的玩意——除非父母选择偷拍、只拍背影，不然就是抓准时间差，等孩子闭上眼睛时拿起手机快拍。

在孩子面前销声匿"机"，谈何容易？

天马行空地想一下，在孩子满周岁时，父母会让他"抓周"，借以预卜他未来的前途与发展。例如基于"六六大顺"的说法，父母会在宝宝面前摆出六的倍数的抓周物品，像是印章、耳温枪、信用卡、球、口红、钞票、圆珠笔、书、纸、笛子、积木，再外加一部手机，凑齐十二样。

眼前这个周岁宝宝到底会抓哪个东西，父母只能用猜的，但至少可以确定一件事：在抓周的仪式里，周围深切企盼的亲朋好友，可能每个人都拿着手机，开启照相或录像模式，专注地盯着眼前的孩子，以捕捉那精彩的一瞬间。

当大人使用最智能型的手机捕捉孩子那一刻的关键画面时，非常自然地，孩子也正瞪大他骨碌碌转的眼睛，盯着大人手上的"玩具"。

大人爱玩手机，小孩跟着追随，这是理所当然的事。

当孩子长到两三岁，发现父母在用手机时，他们会很自然地扑到父母身上，瞧瞧父母到底在玩什么，怎么会如此专心，甚至忘了他的存在。孩子躺在父母微凸的肚子上，一大一小盯着手机屏幕看，乍一看，这幅亲子画面还挺温馨的。

但是没多久，父母会发现孩子细嫩的小手主动向前，像是掌握方向盘般从你的手中取走手机。许多父母这时会微笑着顺势让孩子来场实际体验，感受科技带来的乐趣。

到底该不该让幼儿接触电子产品？孩子应该从几岁开始接触电子产品？在考虑这些问题之前，父母不如先思考，是什么想法让我们把手机、平板电脑推到孩子的眼前去？三岁前的孩子有电子产品需求吗？或者，其实是我们把孩子的胃口弄坏了？

保持适当接触电子产品与网络的秘诀

🔧 秘诀007　别让电子产品变成贴身玩具

🔧 秘诀008　找到电子产品的替代方式

🔧 秘诀009　避免孩子独自使用

🔧 秘诀010　留意孩子的情绪反应

🔑 **秘诀007　别让电子产品变成贴身玩具**

电子产品的威力真的是太强大了，学龄前的孩子恐怕招架不住。不只学龄前的孩子，就连我们大人也很容易陷入其中。电子产品真的不坏，但给孩子使用时需要慎重。再次强调，一切浅尝即止就好。

电子产品到底可不可以成为孩子的贴身玩具？

电子产品的确很吸睛、很诱人，但就怕它"登堂入室"之后，其他的玩具，无论是积木、拼图、布书、娃娃屋、火车轨道、叠叠乐、黏土、小汽车，还是摇摇马都得闪一边，被孩子遗忘在角落里。

电子产品可以是孩子的兴趣之一，但不应该是唯一或主要的兴趣爱好，甚至成为他拒绝接触其他实体世界的阻碍。

孩子要的就是好玩，而且越好玩越好。

父母们请放下你们的身段，抛开电子产品（但是请小心轻放），多和孩子一起玩游戏吧！

🔑 秘诀008　找到电子产品的替代方式

随着孩子年龄增长，父母将常常听见他抛出这些疑问："我要做什么？""我不知道要做什么。""我可以做什么？"接着又补上一句："好无聊！"

我一直认为孩子的世界应该是宽广的，视野是无限的，父母应该带他们去探索，而不应该仅是窄化在小小的屏幕里。孩子的成长不能只剩下视觉与听觉的声光刺激，他还需要实实在在地去感受、去体验那些视觉、听觉、触觉、味觉、嗅觉等交织而成的经验。

孩子摸不到天空，但能踩得到草地。孩子在电子产品上不断磨练手指，却忘了他还有脚趾。别让电子产品改变了孩子的成长模式，这不应该成为孩子与大自然绝缘的理由。

孩子不使用电子产品的时候，可以做什么？让我们来思考没有电子产品的美好日子，找到电子产品的替代方式。

🔑 秘诀009　避免孩子独自使用

千万别把电子产品丢给孩子让他独自使用。

父母知道孩子在电子产品上玩什么吗？父母或许会理直气壮地说："当然知道，这些游戏与软件可是我精挑细选的。"可是在使用过程中，什么时候会弹跳出超龄的情色或暴力广告，父母无法预料。

网络世界"暗藏地雷"，在孩子用手指滑动与点按的过程中，随时可能误踩"地雷"而引爆。接触越多，使用越多，风险当然相对越高。

孩子应该是充满好奇心，对周遭的人、事、物感兴趣的。但是，当他的视线被框在屏幕世界里，脑海总是充斥着这些声光刺激，他对于人与人之间的互动，当然就容易慢慢地生疏、不感兴趣。父母可以注意一下，孩子在使用平板电脑、玩手机的过程中，有多少次抬起头看过你，甚至当父母离开了他的视线，他可能都浑然不知。

🔑 秘诀010 留意孩子的情绪反应

父母请注意，一旦给了孩子手机、平板电脑等电子产品，你就要开始仔细留意他的反应。开心、兴奋、紧张、陶醉其中，当然都有，请留意他的反应强度是否超出你的想象范围。

如果是，请逐渐将电子产品转移，这么做是非常必要的。当然，父母也会面临一种挑战，那就是要让孩子"缴械"时，他可能会产生情绪波动。

父母从孩子手中取走电子产品的同时，也要有别的事物来代替，例如和他一起玩律动游戏或唱歌给他听，让孩子的注意力可以有效转移，以免他的情绪上下起伏、太过激动，甚至彻底崩溃。对于学龄前的孩子来说，这一点尤其重要。转移得漂亮，亲子关系也将和谐、融洽。

问题四

【分辨想要与需要】

孩子吵着要玩手机怎么办?

我们常常听到孩子说:"我想要!"却很少听到孩子向父母表示:"我需要!"关于手机的"想要"与"需要"有着天壤之别,父母必须让孩子清楚地明了这当中的差别。

多数的孩子,其实是"想要"。就像年纪越小的孩子,往往不断地呼天抢地:"我就要! 我就要! 反正我就要!"

要什么? 一个上幼儿园、上小学的孩子要手机做什么? 显然,在这些阶段,基本上谈不到所谓的"需要"(对于青春期的孩子就得仔细考虑了),毕竟手机不像三餐,不吃不会影响生长发育。不过,怕就怕孩子把手机拿来当三餐,饭可以不吃,但手机一定要玩到饱。

想要,这欲望是可以理解的,因为我们大人也"想要"许多东西,只是想归想,不见得非要得到不可——除非你有所付出。当然,孩子也不例外。

父母必须让孩子知道付出的必要,许多事不是他开口要,吵一吵就能得到。付出,不见得一定能获得自己想要的;但不付出,以后进入社会,没人在意你的吵闹。父母请别让孩子理所当然地表现他就是想要,甚至大声对你说:"我要手机! 你到底有没有听到?"

就算父母听到了,也请别轻易满足孩子想要的。手机只是孩子千千万万的"想要"之一,这一关没守好,数不尽的烦恼就会来报到。

许多父母大概都遇到过类似的情况,孩子要借手机看、借手机玩,我们往往二话不说,马上借给他。但孩子在日常生活中,明明是他自己应该做的事情,却总是拖拖拉拉。这种不一致的态度,很值得父母深思:对孩子的要求,是否我们答应和允诺得太轻易,让孩子产生了"一切得来全不费工夫"的想法。

太容易得到的东西,孩子不会珍惜。

保持适当接触电子产品与网络的秘诀

🔍 秘诀011　越急越不给,越问越不给

🔍 秘诀012　给孩子善意的回馈

🔍 秘诀013　"免费惊喜"空降

🔍 秘诀014　孩子要给出具体的理由

🔍 秘诀015　剖析自己的需求

🔑 **秘诀011　越急越不给,越问越不给**

"妈妈,我想要玩,你为什么不给我玩。我现在就是想玩,为什么还要让我一直等、一直等,你到底让不让我玩?"

孩子常常这样向父母抱怨吗?

关于孩子是否沉迷于手机,我有一项观察指标:孩子是否不断向你吵、跟你要,而且是急着马上就要。

为了孩子好,父母需要守住一个原则:孩子越急就越不给,越问就越不给。

等待,孩子需要练习慢慢等待,把想要玩手机的那股冲动与欲望,用时间好好地冲淡、再冲淡,像茶包回冲一般冲到最后没味道了,最好。

想玩却玩不到,这一点当然令孩子感到焦虑、烦躁、不安、易怒,进而哭闹或咆哮。问题也出现在这里:在某种程度上,手机成了孩子情绪纷扰的燃点。

让孩子学习在手机前，练习等待，这对于自律与情绪管控有益无害。

等待，是孩子需要学会面对的人生课题——如果他真的想得到自己所期待的事物。手机，不是不能给，这是我一直强调的想法。但我们要审慎思考，如何让手机的出现，对孩子的成长起到加分的作用。

若孩子对于眼前的诱惑，可以心如止水般地等待，我想，这就是手机最大的作用之一。

秘诀012　给孩子善意的回馈

既然孩子"想要"，那么干脆把手机设定成"奖励"如何？

这一点，其实我不是那么支持。平日在家庭生活与临床实务工作中，我并不是那么倾向于"你只要完成什么，我就给你什么"的模式。

难以避免地，有时孩子自己会抛出这样的游戏规则："爸爸，我写完作业以后能不能用手机？"

这时，我通常不会立即答复好或不好，而是告诉他："写完再说。"

当他把该做的事情做完了，到底有没有使用手机的福利，真的是再说。

相反，当孩子自发性地把分内的事情做完时，我反而会不经意地抛出一个"善意的回馈"，主动询问孩子："要不要玩手机？"

不玩，当然最好，彼此少烦恼。

秘诀013　"免费惊喜"空降

对于学龄前及小学阶段的孩子来说，接触手机的动机主要是"好玩"，从一些下载的软件、视频或手机游戏中享受刺激与乐趣。当使用手机被视为是一种行为表现的奖励时，除了亲子之间制定好取得使用权限的游戏规则外，最有效果的方式就是父母突然赠送的"免费惊喜"：无预警地给孩子使用手机的权限，例如十分钟或二十分钟的使用时间。

对于这个免费惊喜，在使用期限内（当下、当天或当周），孩子可以决定玩或不玩。而当时间一过，这个多出来的福利便自动取消。

免费惊喜什么时候给？我想最完美的时间，就是当孩子主动、自发性地完成了他分内该做的事情时。这时，惊喜的空降往往令孩子感到欣喜与振奋，而他未来再出现这些好表现的概率，也会相对提高。

🔑 秘诀014 孩子要给出具体的理由

我们总是看见别人的"有"，这个"坏"习惯，不论大人或孩子都有。当同学拿着手机在孩子眼前闲晃，手机铃响、微信声不断，或者同学问他："你有没有手机？有没有微信？"孩子也想要拥有的欲望就会立刻被点燃。

想要某样东西，说出来很简单，但却不是开口就会有。更何况，许多孩子选择的方式是无休止的叫嚷和哭闹。

"同学有，我也要有。"这种想法不能说有错，重点是，你要怎么有？若让孩子养成"理所当然"的态度与价值观，是非常可怕的一件事。当手机得来容易，孩子也将很难学会珍惜。

请让孩子明白：你想要拥有什么，总得说服父母，给父母一个好理由，让父母愿意点头。

想要，这一点很容易明了。至于需要，那就有劳当事人清楚说明了。不同阶段的孩子对于手机的需求不尽相同。渐渐懂事（人情世故方面）的青春期孩子，可能会口口声声地说"我需要"，然后死缠烂打地跟你耗。但是，"想要玩"到底可不可以视为孩子的需求？这一点我持保留意见。

"孩子必须说服我为什么他需要有手机，而不是我来告诉他为什么他不能有手机。"这是我坚持的沟通原则。洗耳恭听,让孩子谈谈自己的需求是什么。

让孩子具体地说服父母接受他当下有使用手机的需要。请父母和孩子时刻提醒自己,重点在于"需要",而非想要。让孩子在使用前,试着先心平气和地想想手机给他带来的好处。孩子给出的理由越具体、越充分,父母应允的概率当然就越高。

秘诀015　剖析自己的需求

在演讲时,我常问听众:

"现在还没有使用微信的人请举手。"

除了我之外,现场举手的人寥寥可数。

老实说,有时我抛出这个问题,多少是有些得意地在表示:你们看,像我这么忙碌的人,都可以舍微信不用。言下之意则是:你们看,我对于社交软件的自律有多好!

但这其实是一种自欺欺人。

一方面,我常说:"未来几年,我没有使用微信的需求。"另一方面,却又心虚地承认:"虽然我没有用微信,但是,我却上脸书(facebook,美国的一个社交网络服务网站)上得很勤快。"

我忍不住反省:在这一番微信与脸书的取舍中,对我来说,到底意味着什么? 或许,我是嫌使用太多的社交媒介会让自己感到纷扰。但我也意识到了自己对于社交网站的需求。

了解自己使用的需求,为什么是一件非常重要的事情?

因为当人们需求明确时就能够清楚知道,自己把时间花费在这些平台上时,到底想要做什么。

这也是为什么聊到孩子对于手机、平板电脑等的使用情况时,我会不断地提醒父母,多引导孩子看见自己使用电子产品的需求在哪里。

孩子能明确地说出自己的需求是一件好事。

有些需求其实是被刺激出来的。台湾联合新闻网曾报导过一则新闻：在台湾一所初中，老师设立了班上的微信群组，作为下课后讨论功课、公布小考答案、提醒明日注意事项等功能使用，但同学之间不能聊天。

当手机成为话题与沟通的媒介，孩子有时不得不参与。对于初中、高中的孩子来说，有些专题或报告需要上网搜索资料、查阅数据。

孩子还会告诉你，同学之间要通过微信或脸书进行讨论。关于这一点，父母可以先试着让孩子估算他要花费的时间，并列明具体要讨论的内容与细节。

然而，父母和孩子更需要思考的是，通过手机或电脑打字讨论问题真的方便吗？ 还是先构思，列明大纲，直接通过电话一次性解决更有效率？

手机是一种媒介，无论是作为沟通工具还是娱乐的工具，它在生活中无所不在。对于孩子是否可以使用手机，我想父母并不需要陷入给或不给、全有或全无的"二分法"中。

在孩子使用手机的过程中，父母可以了解孩子想要的与需要的，培养孩子的自律及时间管理能力，增进亲子间的信任。这是让孩子使用手机附带的益处。

试着与孩子沟通使用手机这件事，让亲子双方都更能享受科技所带来的便利与美好。

手机本身并不坏，但是处理不好的话，亲子关系很容易变坏。因此，当你递手机给孩子时，请三思。

问题五

【一种生活方式的选择】
家里该不该有电视？

在演讲中，我有时会和现场听众聊到电视节目，从偶像剧、谈话性节目、新闻节目聊到综艺节目。有意思的是，互动过程中总会有少数听众举手表示（而且手通常都举得特别高，眼神特别明亮，说话语气也显得相当冷静与坚定）："我家没有电视。"

此话一出，总是引起现场其他听众引颈关注说此话的听众。大家都瞪大眼睛想看看到底是哪些父母这么"神"，家里竟然没电视！

"哎哟，他们家孩子年纪一定很小啦！"

"那他的孩子在家都在做什么？"

"怎么可能？那孩子怎么知道现在外面发生什么事？跟同学怎么有话题聊？"

大家私下议论纷纷。

对于大多数现代人来说，电视可是居家生活的基本配备。而且现在液晶电视屏幕的尺寸越做越大，三十二寸、四十二寸、五十寸、六十寸，甚至六十五寸的比比皆是。没电视？平时习惯守在电视机前的人可能会觉得不可思议。

就像其他的电子产品一样，电视仅仅是一种媒介，我们通过这个媒介享受娱乐，同时了解外面的世界。

强调家里没电视的父母，通常也在捍卫着一件事：手机少用，电脑也少用，他们对于电子产品采取的是严防死守的战略。

有些父母则担忧现阶段不让孩子接触电视，是减少了诱因没错，但孩子以后终究会接触,父母现在的限制,会不会反而使孩子日后更容易被吸引,还是他以后真的就不习惯看电视了？

家里该不该有电视？这绝对没有对错之分。许多事情并不能用全有或全无的角度来评判。家里没有电视的人,并不表示他就不关心周遭的事物。要享受媒体的视听娱乐,还有许多其他的替代方法,现在网络上的视频网站就可以满足人们的需求。

家里该不该有电视？我想这是可以讨论并值得相互尊重的事。每个家庭都有各自的状况,不足为外人道。例如,年轻的父母不希望家里有电视,但家中长辈或许认为家里怎么可以没有电视。

再次强调一件事:电视如同其他电子产品——手机、平板电脑、台式电脑等一样,都是一种媒介。重点是我们期待从电视这个媒介看到什么。

不管你如何决定,这都是你所选择的一种生活方式。

保持适当接触电子产品与网络的秘诀

🔑 秘诀016　节目的过滤与筛选

🔑 秘诀017　共同的焦点与话题

🔑 秘诀018　让电视"冷静一下"

🔑 **秘诀016　节目的过滤与筛选**

关于电视的争论重点不在电视,而是电视节目的内容到底适不适合孩子。当父母考虑孩子从电视媒介会看到什么的时候,父母就没必要以偏概全了,因为优质的电视节目或戏剧仍然值得我们细细品味。当然,太多怪力乱神、色情暴力的卡通,内容和画面重复、儿童不宜的新闻节目和长辈爱听、爱看、爱谈论的政论节目等的确需要筛选、过滤。

电视并非邪恶的盒子,只是现在要从这个盒子中筛选适合孩子观看的节目。去芜存菁,父母需要花费一些心思与时间。

🔑 秘诀017 共同的焦点与话题

我家有电视,有意思的是,当我这个爸爸守在电视机前时,通常孩子也会窝在旁边一起看,毕竟爸爸都在看了,那么好的时机,此时不看更待何时?

在这种情况下,看电视的时间与内容就成了我必须顾虑的事。但全家一起观看的好处是彼此有共同的焦点与话题。

虽然看电视的过程中,全家人少了面对面交谈的机会,但是在广告时间,还是可以彼此对话的。另外,有些广告反而可以作为亲子之间讨论的话题。父母可以跟孩子讨论,如何在短短几十秒里,让消费者对你所要推销或介绍的产品产生印象,进而愿意掏钱消费。

亲子共同看电视除了能让亲子之间有共通的话题之外,还能让彼此从对话中了解对方的想法和看待事物的角度,我想,这或许也是电视存在的意义之一。

🔑 秘诀018 让电视"冷静一下"

尽管身为专业的临床心理师,但当回归到"爸爸"的角色时,我仍在学习如何面对孩子之间的争吵。当然,孩子间的争吵很自然,但是对于孩子因为争抢"电视权"而吵过头,争执不下,这样的情况有时也会让我无法忍受。心理师也是人,作为"爸爸"这个角色时,同样也会有情绪。

这时,在不耐烦的同时,为了让孩子们自己想办法解决争端,我会选择将电视搬离现场,或把电视机转过去背对着他们,或者干脆覆盖上遮布,谁都别想看。

在这种情况下,我故意把电视牵连进来,我告诉孩子们:"电视不是好东西，因为它总是造成你们的争吵。"至少在当下，"电视"的确是火药源。

但是事后经过冷静思考，我开始寻找让自己"不耐烦"的症结是什么。是电视，是教育上的失误，还是对于孩子们起冲突无法忍受？沉淀之后，进一步思考，在这无法忍受的层层洋葱剥开之后，里面最深的那一层到底是什么？

有时我们需要让"电视"静一静，同时也让"自己"静一静。让电视休养生息，让彼此回归平静，或许，心思会更为清明。

偶尔让电视"进厂保养"，暂时把电视收起来吧！这不麻烦，现在液晶电视屏幕很轻的。我的经验是，在家里，当有电视看的时候，孩子们就很容易在电视前面围观。但是，几次因各种理由把电视移开后，孩子们就自然而然地在客厅或是房间里，彼此聊聊天或就现有的玩具玩起来。

围观看电视，是屏幕里的人话多。而当电视暂时移开了，父母会发现手足之间的谈话变多了。

当然，要让家中没电视，父母自己得先做好调适。

问题六

【公交或地铁上，大家都在玩手机】

要从众，还是做自己？

由于演讲的关系，我常在不同的交通工具之间转换，穿梭于各地进行分享。或许你很难想象，一次外县市演讲，我从宜兰的家出发到演讲地点，来回常常需要转乘十次交通工具（私家车、客运、地铁、高铁、主办单位接送），但我总是乐此不疲。

每次我都会在转乘的公交或地铁上，看到许多人低头看手机，这几乎成了现代都市的一道风景。有时我会想：如果我一个人端起书来看，会不会显得很突兀？

哈！心理师，你管人家怎么看？

别笑我。虽然在公交或地铁上只要不违反法律法规的相关规定，没妨碍到别人，我们想要做什么都可以，不需要理会别人的眼光及反应，但如果是比较敏感和在意别人看法的人，还是会感到相当不自在。

从众心理看似不理性，但在某种程度上却也使人相对安心、自在。毕竟现在搭公交或地铁还看纸本书的人真的太稀有了，反而让人有一股冲动，想要捕捉当下"美好的一瞬间"，甚至还有可能会将图片挂上网。

在公交或地铁上，大家盯着屏幕玩手机，或许是最安全而不会成为"猎物"的行为模式。这一点，看在孩子的眼睛里，他会懂得——以后在公交或地铁上得看手机，别看书，跟大家一样。

在公交或地铁上，孩子除了望向车窗外呼啸而过的街景，就是地铁隧道里一片暗黑的墙面，将视线拉回车厢里，眼前就是一幕幕众人看手机、看平板电脑的画面，在这种情况下要孩子别玩电子产品，还真的很难。

在公交或地铁上，看书变成一种稀有行为，反而容易引人侧目。车厢里，多数人都低着头看手机。我们都在示范，孩子也都在看，看我们如何与电子产品"形影不离"度过每一天。

保持适当接触电子产品与网络的秘诀

🔑 秘诀019　别自圆其说

🔑 秘诀020　与孩子多聊天

🔑 秘诀021　面对别人的犀利目光

🔑 **秘诀019　别自圆其说**

要让孩子远离手机，说真的，我们大人总是很难理直气壮。孩子可能很天真，却也很实际地问："爸爸，为什么大家都在看手机？"这时，或许你也正看着手机……

"为什么大人可以玩手机，小孩子就不可以？"孩子继续问。

"因为小孩常盯着手机屏幕看，会影响视力。"你搬出这个理由。

但是他会毫不客气地说："爸爸，可是你戴眼镜有近视，我没有啊！"

"这……"

第一回合，我们就被打脸，而且被打得很肿。

"我们大人是因为工作需要，所以才常常用手机啊！"

你有点得意自己想到了一个好理由，但他不以为然地说：

"可是我常常看你在点赞、发朋友圈和刷微博啊！"

"这……现在世事多变，所以要随时掌握信息，当然这也和工作有关。"

"可是，我也常常看你在玩游戏啊！"

"嗯，工作之余也要稍微放松啦！"你吞了吞口水，有点心虚。

让父母感到尴尬及缺乏立场的是，如何面对孩子的强烈质疑："为什么大人可以，小孩却不行？"

当下，你可别意气用事地回答："我是爸爸啊！"或"因为我是妈妈啊！"

若你想要用"父母"这个角色来强压孩子的需求，他们是不埋单的，而且一点都没有说服力。

"为什么大人可以，小孩却不行？"听到这句质疑，我想许多父母都难免支吾其词。

关键就在这里！跟孩子一起搭公交或地铁时，若你想看手机，请先准备好一套足以说服孩子的好理由。可别乱骗小孩子！现在的孩子可是很有智慧的。

秘诀020　与孩子多聊天

搭公交或地铁时，多多跟孩子聊天吧！从起点到目的地之间，尽情地聊（但要注意在车厢里保持轻声细语，这是基本的礼仪）。说真的，现代人通过微博、微信与所谓的朋友聊天的机会，或许比跟自己的孩子聊天还要多。

在静止与移动之间，让亲子聊天成为一种习惯。开始尝试之后，你会发现聊天还真是要常做的事。不然，现在就试试看你可以和自己的孩子聊多久？能不能聊得起来？可不一定像你想的那么容易哟！

或许你会问："那要聊什么？"聊什么都行，只要是能让亲子展开对谈的话题都可以。

千万别让孩子跟你比跟博友、微信好友还陌生。

和孩子聊天，也多少能转移他对公交或地铁上大家都在看手机的注意力。虽然这个趋势已成定局，但至少我们还有机会，让年幼的孩子对手机少一点在意。

🔑 秘诀021　面对别人的犀利目光

想象一下孩子望着我们聚精会神地用电子产品时，他那闪闪发亮的眼神，与渐渐膨胀的欲望和好奇。这时的他正羡慕着我们，期待自己也有那一天，可以像大人一样把玩这些玩意。然而渐渐地，他会发现原来不需要等到长大，只要会吵、会闹，即使只是个小小孩，大人都会立刻给他平板电脑和手机。

好奇，是孩子最自然拥有的天性，因此，他们也很自然地想要了解、体验大人的新玩意，搞懂那究竟是怎么一回事。学龄前的幼儿都难免蠢蠢欲动，更何况年龄稍大些的小学、初中和高中的孩子们。

其实尴尬的气氛不单公交或地铁上有，在校园里，有些青春期的孩子也会面临同伴眼神的压力。想象一下：下课时间，周围的同学们一个个在低头玩手机，用微信与朋友聊来聊去，聊着微博上的信息，这时，怎能期待一个孩子专注地看书呢？老实说，这真的需要很大的勇气，以及面对他人眼光的抗压能力。

青春期的孩子正面临着"要从众还是做自己？"的选择。父母可以和孩子讨论，当处在大多数人都在做同一件事情的环境中（例如搭公交与地铁时、学校下课时，大家都频频看手机）时，他是否能觉察到自己当下的感受？当他自己也想要拿出手机时，是出于自己的需要还是无法承受周遭犀利的眼光而不得不这样做？而那道犀利的目光，到底是要传达什么信息呢？

问题七

【大人对电子产品也沉迷】

我的忏悔与改变……

吃饭时该低头，但是，真的不应该一边低头吃饭，一边看手机。然而有一段时间，我就是这么做的。

有很长一段时间，在全家一起吃饭时，我总会第一时间拿出手机，对着满桌佳肴一顿猛拍，而母亲、老婆和孩子们则拿着碗筷等在桌边，待我拍完照才开饭。

我爱拍照、爱分享，经常会把生活的点滴分享在朋友圈里。而且既然在朋友圈或微博分享了，也很自然地得到了很多朋友的留言或点赞，我便常常目不转睛地盯着屏幕。这一点，孩子们当然都看在眼里——我想，也学习在心里。

一家人同桌用餐，我这个做爸爸的却带头示范一边吃饭，一边不时看一眼手机，美其名曰是看有没有邮件需要立即回复，或者随时掌握朋友的分享信息，让自己随时与外界保持联系。

但是有一天，出现了这样的画面：全家人同桌，却人手一机！

我知道是大人做了坏榜样，孩子只是有样学样而已，但当我看到家人同桌而坐，却各自低头玩手机的模样，我心里的愧疚感和厌恶感油然而生。

请容许我用"厌恶"这两个字来形容"全桌人都低头看手机"的情景。但怨不得人，始作俑者正是我自己。

或许，我厌恶的是没做好身教的自己。

宜家家居（IKEA）有一则非常经典的电视广告，除了引起观者共鸣

而会心一笑外,深究其中隐含的信息,其实颇为严肃与深刻,值得深思。广告的文案是:

"科技不断进步,IKEA想让手机对聚餐更有帮助。IKEA好好吃饭饭桌,只要放下手机,智慧餐桌就可启动电能发热,手机越多,电力越强……好好吃饭,让家更有味道。"

有了手机,我们看似活在当下,猛拍照发朋友圈,在社交软件里和朋友聊来聊去,仿佛彼此零距离,却反而忽略了最亲也最近的,眼前的家人。

我们都犯了同样的错:美其名曰跟朋友分享,其实是在等待"所谓的朋友"的点赞回应。回想过去自己身陷其中的模样,我真是哭笑不得。

这是我的忏悔,同时,我也期待自己率先做出改变。

保持适当接触电子产品与网络的秘诀

🔍 秘诀022　带头"灭机"

🔍 秘诀023　解析电子产品与自己的关系

🔍 秘诀024　模仿大人,是最安全的一条路

🔑 **秘诀022　带头"灭机"**

要消除这股厌恶感,当然得从我这个爸爸率先做起:"灭机"——让手机在餐桌上绝迹! 这也考验着为人父为人母的使命感,以及父母是否能忍受改变带来的不适感(虽然是改变长期的不良习惯)。刚开始,我心中难免有些忐忑,但"灭机"的结果还是令人鼓舞的。我发现当我把手机封存在口袋中时,孩子们也自然地融入用餐气氛中,少了很多无谓的干扰。

当大人专注于吃饭和聊天的氛围中,孩子自然也就随之改变。这档生意所需成本低,但收益高,就看父母是否愿意去做。

🔑 秘诀023　解析电子产品与自己的关系

电子产品既然是一种有效的媒介,当我们在使用时,也可以发挥其有益的功效,让孩子知道我们使用电子产品在做什么。我自己一直有个想法:让家中三个孩子适时知道爸爸的工作到底是什么,还有电子产品和我的工作到底有什么关系。

先说手机,熟悉我的朋友大概都知道,由于工作性质的关系,我往往无法在第一时间接听电话,因此我常在微博上发出这样的讯息:如果您需要联系我,请多使用微博、邮件或手机短信留言。

基本上,我很不习惯也不爱通过手机或社交网站(例如微博)聊天。我会让孩子知道,我常常使用电脑、手机,借由其中的微博来分享我的生活内容、演讲信息、博客或相关文章等,同时,我也浏览网站以随时掌握周遭的信息来激发自己的灵感。

对于经常需要写作的我来说,电脑自然是相当亲密的伙伴,孩子很清楚这一点,也能理解为何爸爸总是在键盘上敲敲打打。

🔑 秘诀024　模仿大人,是最安全的一条路

智能时代的生活怎么过? 我们正在示范给孩子看。

想想我们的一天:早上起床,手机铃声可能取代了传统闹钟。起床第一件事,可能是打开手机盯着屏幕,而不是拉开窗帘望向窗外的景致。上厕所时,必备的物品除了卫生纸,还有手机。吃饭时,望着的不是眼前美味的佳肴,而是手里的手机屏幕。

或许有一天,孩子也会选择和我们一样。

就怕到时我们的深情呼唤,换来的是他们的充耳不闻。

　　模仿,是最安全的一条路,所以孩子自然会这么想:既然大人都这样做,那我当然也可以。而作为家长的我们示范给孩子看的,便是如何让电子产品融入生活里。

　　亲子之间因为孩子是否应该使用电子产品和网络发生的冲突和"战争"屡见不鲜。父母有时会陷入"全有或全无"的怪圈,要么放任孩子沉迷于电子产品和网络,要么对电子产品实行"全面戒严",不允许孩子接触和使用。但这两种极端的做法,在这个孩子注定会与电子产品和网络"狭路相逢"的时代显得不太现实,也没必要。父母关注的重点应该放在当孩子与电子产品和网络"狭路相逢"时,让孩子学会如何驾驭和使用这些高科技产品,而不是深陷其中,无法自拔。

　　大人的一言一行,对孩子而言都是示范,但请别往坏的方向示范。我们也要与孩子一同学习如何与电子产品"和平相处"。请试着去改变,让孩子看见,我们与电子产品也能够建立起良好的关系。

远离网络成瘾第 2 部

坚持合理的使用规范

问题八

【坚持与妥协的拉锯】

父母被孩子用电子产品"勒索"过吗？

"你不让我玩iPad，我就不写作业！"

"你不让我看手机，我就不吃饭！"

说真的，我个人作为父母不怕这一套。尤其当孩子这么说时，更会让我吃了秤砣铁了心：一定不给。有时我还会想：孩子，你真的不了解我！

然而，类似的场景却在许多家庭里不断地上演。

有些孩子摆出一副赖皮的模样：你不给，什么都别谈。作业不写、澡不洗、饭不吃……所有事情一律罢工，一切的诉求就只为了一件事——我要玩iPad！

"我根本就拿他没办法。"

"所以呢？"

"……就只好给了。"

这是在多次的演讲及咨询过程中，父母发出的无奈心声。

这种勒索的方法很容易让父母遗忘电子产品对孩子的负面影响。父母总是想着：给了就能了事，只要孩子不哭不闹不吵，自己就可以清净地做事。心里也劝慰自己不用想太多，滑滑手机、点点平板、玩玩电脑又不是什么大不了的事。"我们大人不是都在用吗？"这样给自己一点安慰，让心里舒坦一些。

"仅此一次，下不为例！"父母常常这样告诉孩子，其实更是在暗示自己。父母说完继续奉上电子产品给孩子，大家相安无事。

但这种勒索绝不可能仅此一次,孩子对电子产品需求无度,似乎吃定了你。开口要,父母不给,于是八点档的老套剧情再上演一次:幼儿园孩子哭,小学生吵,初中生闹,高中生虽然不至于吵着要上吊,但有些孩子会以伤害自己的方式威胁父母,让父母担惊受怕。

情绪勒索总是在每条大街小巷的房子里上演着,而这就像周瑜打黄盖,一个愿打,一个愿挨。孩子的勒索功力会如在线游戏的经验值一样逐渐提升,胜出率越来越高,父母的放弃指数也会逐渐爆表,最终被孩子识破——原来父母这么容易妥协。

孩子会有这种情绪勒索的行为,不是一天形成的。

当他隔三差五释放出这样的信息,父母会买单吗? 会妥协吗? 你希望让孩子以为他只要这么做就能得逞吗?

我相信没有任何父母希望孩子如此,但父母总是容易买单。然而,一旦父母选择对孩子妥协,就真的只能眼睁睁地看着孩子在电子产品的世界里沉沦,起初是慢慢地、慢慢地……紧接着速度会开始加快,直到回不去了——孩子成瘾了。

坚持合理使用电子产品与网络的秘诀

🔍 秘诀025　妥协,是有原则的

🔍 秘诀026　一念之间的选择

🔍 秘诀027　忧虑的循环,会让父母不断妥协

🔍 秘诀028　安全考虑为先

🔑 秘诀025　妥协,是有原则的

电子产品,不是给不给的问题,也并非完全不能对孩子妥协,而是绝对、绝对、绝对不能任孩子想要就要。

要妥协,可以,但父母必须坚守原则,让孩子说服你。

我明白,父母难免会担心:

"心理师,我的心脏承受力没那么强! 我哪知道孩子激动起来会怎么样?"

"如果他哭闹吵到邻居怎么办? 会被投诉的。"

"如果他伤害到自己怎么办?"

"如果他做出傻事怎么办?"

父母有好多的"如果"和"怎么办",它们反映了父母的无力与无助。

但是,难道父母就这样选择放弃?

还是,父母根本就没有原则?

这话说得重,父母可能不爱听,但这一刻,父母真的需要被点醒。

🔑 秘诀026　一念之间的选择

在这种关键时刻,坚持或妥协就在父母的一念之间。

当孩子使用电子产品的情况发展到这种程度,父母还认为电子产品对他是好东西吗? 我想,这是父母必须正视的"问题"。

没错,这里要强调的就是"问题"。

父母现在面临的是被孩子"情绪勒索"的问题,他正在用这种方式"对付你"!

而且,有效!

想想看,父母今天妥协了,那明天呢? 明天过后呢? ……一场没完没了的勒索戏码将不断地上演。

父母需要捍卫自己的坚持——一种不轻易被情绪勒索的坚持,一种为孩子未来的发展而考虑的坚持。但这种坚持需要勇气和技巧。

🔑 秘诀027　忧虑的循环，会让父母不断妥协

"孩子哭闹吵到邻居怎么办？"

担忧又在父母心里浮现。

的确有那种"不管三七二十一，反正我就是要吵到爸妈妥协"的孩子，但是大部分的孩子如果真的吵到让邻居来敲门提醒他们，不但会噤声，行为举止也会收敛一些。谁说他不在乎呢？他对邻居反应的在意可能还胜过对父母的在乎。

如果真的吵到了邻居，父母可以带着孩子事后登门道歉。我想只要是家里有孩子的邻居，都会谅解，甚至可能还会竖起大拇指，敬佩父母不畏孩子情绪勒索的坚持。

"如果孩子伤害到自己怎么办？"

"如果孩子做出傻事怎么办？"

被孩子情绪勒索的父母经常担忧地表示："我怕孩子会伤害自己。"

所以呢？

"那就给他吧！至少玩手机、上网总比伤害他自己好吧？"

担忧循环往复着，总是让父母不断地妥协。

🔑 秘诀028　安全考虑为先

父母要解决孩子情绪勒索和网络沉迷的问题时，保证孩子的人身安全一定是父母需要优先考虑的。当孩子激动到选择咬自己、掐自己、打自己，甚至出现捶头、撞地等歇斯底里的举动时，请父母想办法使尽力气，紧紧地抱着他、搂着他，在这个过程中尽量保持冷静不说话，让孩子冷却情绪，同时也展现你的坚持——很抱歉，即日起，情绪勒索失效。当然，孩子可能会一波又一波地发动强烈的自我伤害攻势。

如果孩子长期使用如此激烈的方式反抗父母，他可能在用这种方

式向你宣告他也没办法了,一切情况的发展,已非他所能掌控。这时,父母可能有必要考虑一下孩子是否出现了其他情绪和行为方面的障碍,例如:青春期孩子的忧郁、躁郁、思觉失调或注意缺陷多动障碍等问题。

这方面的问题,父母需要与就诊医院的医生接触与沟通,以确认你要优先处理的是孩子的情绪和行为障碍问题,还是网络沉迷、成瘾的问题。

问题九

【孩子花太多时间上网】

如何做好时间管理与运用？

时间，往往是父母与孩子争执、拉扯的关键。

时间花在哪里？用在哪里？耗费了多少时间？享受了多少时间？你的时间、我的时间……到底是谁的时间？

父母与孩子争论不休，一切只因为孩子遇见了电子产品。

在许多演讲与心理咨询的场合，我常接触到一些表情憔悴、无奈又不知所措的父母，他们忧心地问：

"怎么办？我的孩子成天不是在玩手机，就是在玩在线游戏。"

我可以想象父母眼巴巴地盯着墙上的时钟，看着时间一分一秒地慢慢流逝，孩子依然守着屏幕不放，父母对此却无能为力。

明知孩子沉迷于电子产品，自己却使不上力，这让父母有严重受挫的感觉。

但孩子与电子产品的关系一开始却并不是这样的。父母请想想，手机、平板电脑、台式电脑、电视等电子产品和网络都是从无到有，也都是父母辛勤工作换来的。但怎么最后却演变成孩子沉迷于其中，唤也唤不回呢？

到底孩子该花多少时间在电子产品上，这是一个值得深思的问题。人与人之间，最公平的就是我们一天都拥有二十四个小时。唯一的差别，就在于我们如何使用这二十四小时中，扣掉基本的睡眠之外的剩余时间。

头脑最清醒的时间，究竟该如何运用？父母总认为孩子需要多花一点时间在学习上。然而父母越这么想,越事与愿违,孩子偏不听话。

父母认为孩子该好好看书,孩子却索性趁脑袋清醒上网打怪或和好友用微信聊来聊去。

许多亲子冲突发生的原因,往往在于孩子花了太多的时间、心思在电子产品的使用上。这一点,很容易就踩到父母所能忍受的底线。时间到底该如何约定,父母与孩子该如何彼此承诺?

时间,到底该花在哪里?

坚持合理使用电子产品与网络的秘诀

🔑 秘诀029　设定合理的上网时间

🔑 秘诀030　召开"时间"讨论会

🔑 秘诀031　使用手机时间记录器

🔑 秘诀032　善用"发条番茄钟"

🔑 秘诀033　下载时间管理软件

🔑 秘诀034　讨厌的"时间锁"

🔑 秘诀035　忠实记录使用电子产品与网络的收获

🔑 **秘诀029　设定合理的上网时间**

对于孩子来说,当然希望可以随意玩电子产品和上网,但父母绝不该如此放任。对于小学及学龄前的孩子,要管控他们使用电子产品的时间,这从某种程度上来说比较容易。当然,面对这些年幼的孩子,父母摆不平的也大有人在。

台湾关于"儿童及少年福利与权益保障"的有关规定第四十三条第五项规定:……超过合理时间持续使用电子类产品,影响身心健康的,父母、监护人或其他实际照顾儿童及少年之人,应禁止儿童及少年前项各种行为。

台湾卫生福利主管部门建议两岁以下婴幼儿禁用电子产品,两岁以上幼儿的"合理使用时间"为一次三十分钟,少儿每三十分钟就得离开电子产品,休息一会。

除了有关规定授权台湾卫生福利主管部门定义的"合理时间"之外,回到父母与孩子之间,我们该如何看待时间这件事?

就一次使用的合理时间来说,父母预估是多久? 而孩子呢? 父母一定要有底线。对我个人来说,我认为孩子玩电子产品与上网的时间每次不超过二十五分钟比较好。这也是我无论如何都要守住的底线。

🔑 秘诀030　召开"时间"讨论会

请和孩子"谈"时间,或者说借由孩子对电子产品的喜爱,一起和他聊聊时间要如何运用。科技的创新,真的需要我们有智慧地使用,而不是倒过来被电子产品所束缚。

让孩子思考:自己需要花多少时间在电子游戏上?

时间宝贵,所以得用在刀刃上,这一点,父母一定得和孩子计较。虽然孩子没有时间成本的概念,看时间如流水,但时间一旦流逝就回不来了,父母当然必须好好为他精打细算。

例如,当孩子告诉父母,他和同学要用微信讨论事情。此时父母不妨与他聊聊,在他与同学聊来聊去的过程中,努力敲打的字、沟通的信息外加贴图所花费的时间,如果直接通过电话讨论,是否反而更省时? 或者他和同学在学校直接面对面沟通,是否三两句话就能达成共识?

手机很便利,但孩子需要思考的是,他现在这个阶段,通过手机或网络沟通不一定会更省时、省事,只是让他有种一直在做事的忙碌假象。

这就像父母自己在使用社交软件时一样,总是担心错过了什么,遗漏了什么,随时期待在第一时间掌握天下事。但手指头不断地滑滑滑,一段时间下来,好像也没有得到什么。我们都很渴望能掌握许多信息,但事后往往发现,有时接收的都是生活中不重要的他人的琐事。

以孩子上网三十分钟这件事为例。三十分钟过去了,孩子是否能够具体地列出上网时他自己到底做了什么?这些事,对他的帮助到底在哪里?让孩子有"目标性"地告诉你——没错,就是要让孩子有目标地使用,而非漫无目的地漫游。

同样地,让孩子学会估算,这次使用了三十分钟完成这些事,下次能否在更短的时间内完成。

🔑 秘诀031　使用手机时间记录器

手机时间记录软件可以让孩子有机会了解自己在一天里使用手机的状况及内容,并详尽地记录他使用每个软件所花的时间,让他自己充分掌握使用软件的时间清单。借由软件里的筛选器,孩子还可以了解在这个星期、上个星期、这一个月内每天使用手机的时间变化。

知己知彼,这也是让孩子学习善用软件的一个机会。当他知道自己花了多少时间在某个软件上,也就比较愿意与父母一起来讨论如何在时间上进行删减或调整。例如,连续五天花在社交软件上的时间分别为:2小时7分15秒、1小时6分8秒、1小时33分56秒、2小时41分9秒和2小时12分35秒。这时,亲子都充分了解了孩子使用软件的状况,彼此就可以针对细节与需求进行沟通和协商,以达成一个最佳的使用共识。

🔑 秘诀032　善用"发条番茄钟"

父母总是觉得时间太少,孩子却认为时间好多好多,让人有时会忘了它的存在。就像家中的自来水一样，只要把水龙头拧开，水就哗啦哗啦地流出来，孩子对此没有感觉，但是，付水费的父母却很心疼。

"发条番茄钟"这款时间管理软件将时间以二十五分钟做切分，每看二十五分钟电子产品需要休息一次，才可以接着使用，以提高使用效率。通过这款软件，孩子可以知道，他在每二十五分钟里做了哪些事，而不是手机、电脑一打开，浑浑噩噩地浪费了许多年少时光。

🔑 秘诀033　下载时间管理软件

时间要花费在美好的事物上，不能浪费。

上网搜寻关键词"Waste No Time"就可以找到这个时间管理的软件。这个小工具，可以让孩子有机会思考与评估自己到底应该花多少时间在某个网站或软件上，例如微博或微信。

这个软件有个特别之处：当孩子使用电子产品达到规定时间时（例如原先设定二十分钟，现在时间已到），父母不必出手，时间管理软件会自动提醒并阻止孩子继续使用。

🔑 秘诀034　讨厌的"时间锁"

孩子上网时，最讨厌的就是不时被打断。以前这个讨人厌的恶婆婆角色总是父母在扮演，但是反派终究不能演太久，免得孩子一看到你就生气。这时，就让"时间锁"（Time Lock Control）这款软件上场救援吧！

密码，没错，请输入密码。这是一款超简单的时间控制器，当孩子玩到指定时间，很抱歉，请再次输入密码。打断，让人觉得很烦，但是打断，也让孩子知道不能再浪费时间。

——对不起，密码错误，请再输入一次。

亲爱的父母，就为孩子设置一组复杂的密码吧！但请提醒自己一定要记住。

这些时间管理软件，父母可依据孩子的需求上网搜寻并加以运用，以便提升自己与孩子使用电子产品的时间效率。

秘诀035　忠实记录使用电子产品与网络的收获

孩子既然使用了电子产品，钟情于网络世界，那么父母就需要引导他，试着让他记录使用电子产品与网络之后的收获。让孩子练习对这件事情自我觉察：在这段时间里，通过使用手机、电脑等电子产品和网络，自己到底得到了什么。

让孩子把内容忠实记录下来并告诉父母，他花这些时间使用电子产品与网络的目的。除了放松、娱乐，觉得好玩、刺激之外，他还能举出什么例子？越具体越好。

孩子一开始难免会抗拒做这件事，毕竟"面对自己"有时不是一件容易的事。

举个我自己的例子。台湾有一年的高考写作题目为《我看歪腰邮筒》。记得那年八月台风来袭，我在网络的涂鸦墙上看到一则转帖的信息："同学姐姐拍到的，信箱歪掉了。"这是我第一次看见那对歪掉的邮筒的样子。当时我也在网络上分享了这则信息："拜托台风的大圈圈赶快走。拜托，拜托哟。网络涂鸦墙上令人会心一笑的遇见。"有意思的是，在那段日子里，这对萌萌的歪腰邮筒会不时地出现在网络上。

当年如果家中有参加考试的孩子走出考场，可能会忍不住激动得大叫："妈妈，你看，我就是因为玩手机、看微博，才知道这一对歪腰邮筒的消息的！"

自我觉察是一门功课，如果父母真的期待孩子脱"瘾"而出，一定要协助孩子，好好学习这一门必修课。

问题十

【约定时间到，孩子不下线】

守承诺和讲信用，真的那么难？

"文山，现在已经八点了，你不是答应我要离线，把手机还给我吗？"妈妈边说边走去阳台，一大堆衣服还等着洗。

文山装作没听到，若无其事地继续用iPhone玩《银河特攻队》游戏，耳边传来洗衣机运转的阵阵声响。

文山的思绪完全沉浸在游戏中，思考着如何拯救被外星人军团绑架、掳走的可爱莎莉。由于游戏中的角色都是文山熟悉的，所以文山玩得很投入。游戏中的每场战斗可以选择多种人物上场，如何把他们进行编组也充分满足了文山追求变化的需要。

妈妈不时出声提醒、催促着："文山，时间到了，手机可以收起来了。"但是文山自动让这些话语从耳边掠过，反正只要假装没听到，就可以再多玩一会儿。

这一点，文山的经验多得很。他发现妈妈真的很容易被说服。虽然妈妈总是很慎重地跟他约法三章，但规定是一回事，遵守又是另一回事，只要稍微跟她哀求一下，又可以多出很多时间让他升级游戏中的角色、飞弹、塔城和怪物。

"文山，你怎么还在玩？不是超过时间了吗？"

"好啦！妈妈，等一下，再等一下，马上就好了！"应付妈妈的容易度，就像在游戏中轻易击退敌人、攻上对方塔城那么简单。

文山知道，妈妈还有许多家务事要做，虽然她在一旁催促，但她说归说，手里的活一直没停，不是去晾衣服，就是去整理厨房。

文山已经有三星的小精灵兔兔和四星的青蛙熊大了，但为了能够获得战斗力超强的五星哈尼及游戏中必须消耗的羽毛,他得多花一些时间(或者说是尽量拖延一些时间)来发送"好友邀请",同时还得思考要不要召唤朋友来对抗敌人。

但他没想到这一回拖延时间的计谋不但没有得逞,反而弄巧成拙。

"文山,你太夸张了吧! 现在几点了,你还在玩手机?"

文山假装没听到,毕竟这一招以前很管用。

"你到底有没有在听我说话? 现在马上离线,把手机还给我,听到了没? 文山,你别太过分! 我再一次警告你,现在马上离线,把手机还给我!"妈妈加重了语气,脸色阴沉地看着文山。

文山悻悻然地把手机往桌上一放,抱怨说:"真啰唆,才超过一点点时间而已,干吗在旁边吵个不停。"他好不容易才将游戏打到现在的阶段。

"你以后别再跟我谈什么时间不时间的了。事先约定有用吗? 连玩个手机都这么难守信用,那以后还有什么事情别人敢交代给你?"

"拜托,没那么严重吧? 我只是刚好在升级而已,而且还没升级完成,手机就被你要回去了。"

关于自己无法离线的问题,孩子总是有许多理由要父母理解和承受。

坚持合理使用电子产品与网络的秘诀

🔑 秘诀036　信任与承诺一定要重视

🔑 秘诀037　别让"例外"变成常态

🔑 秘诀038　说到就得做到

🔑 秘诀039　"例外"的理由得充分

🔑 秘诀040　手足同步启动

🔑 秘诀036　信任与承诺一定要重视

对孩子来说,超时似乎没什么大不了的,都是我们大人太大惊小怪了。然而,这却关系到承诺、信任,以及孩子对于自律的态度。所以,约定是一件必须慎重看待的事。

对于信任与承诺,我是非常在意的,因为这牵扯到对彼此关系的尊重。孩子明明答应了却无法遵守,这是对亲子间互信的一种伤害,特别是孩子使用电子产品和网络时,这种情况经常发生。

父母与孩子在电子产品和网络使用时间问题上的讨价还价,有时就像在市场上买菜要求送葱、姜、蒜一样。如果是在使用前,那一切都好谈,只要孩子能够找到理由说服父母。

但是,如果时间都已经约定好了,那么父母这时就应该参照超市的做法,维持该有的定价或折扣,说多少,就多少。你应该没看过有人去超市买东西还砍价的吧?

这时,父母必须坚定立场,不能再当自己在菜市场了。而孩子也需要接受:他现在进的是超市。

别让孩子的信用被电子产品套牢了。

🔑 秘诀037　别让"例外"变成常态

父母总是不断与孩子在"时间"这一点上进行拉扯。明明在使用前约好了时间,为什么每到使用后,就得面临孩子的讨价还价?这一点让许多父母无法接受。问题到底在哪里?是孩子估算时间不准,还是他先少报时间以求过关再说?或他事后不惜厚脸皮地耍赖不下线、不缴械?

在使用电子产品这件事情上,我始终认为父母应该守住"第一次"的防线:说到做到,说收就收。

很多时候,情势演变到后来无法收拾,往往就在于父母错估了那第一次、又一次、再一次的"等一下"。与其说是心软,倒不如说父母自己也觉得无所谓。约定,就是在这样一次又一次的"可以违约"下,让孩子把"例外"当成"常态"了。

父母请想想过往与孩子的约定中,到底是哪里出了问题? 是孩子单方面的违约,还是父母本身根本也不在意?

秘诀038　说到就得做到

时间一到,便二话不说,干净利落地信守承诺——这是我评估孩子与电子产品能够保持安全距离,避免孩子沉迷的初期观察指标。

使用电子产品,孩子得学习信守承诺。二十五分钟就是二十五分钟,时间一到便放手,不能再有任何理由。

"我还没好。"

"等一下!"

"还没结束……"

很抱歉,孩子,这是你在使用电子产品和网络时自己需要留意、估算及掌握的事。孩子必须有能力预估自己玩游戏需要的时间,并严格遵守时间约定。

延长时间不是不能谈,但请留在下次"使用前"先说,以理服人,否则约好的时间明明到了,却还不离线,这是没有道理的。不是父母没弹性,而是既然做了约定就必须好好履行,这是电子产品和网络给孩子最好的时间管理与信任练习。

秘诀039　"例外"的理由得充分

那到底能不能有例外情况可以把时间延长呢?

这个例外,应该由孩子自己提出充分的理由来说服父母,让父母决定要不要点头。

青春期的孩子玩在线联机的多人游戏时,特别容易发生这样的状况:眼见孩子和你约定的时间到了,但联机的游戏尚未结束,这时离线,对孩子来说不但尴尬,而且有些困难,在玩游戏时中途退场,日后在网络上很容易变成黑户,被大家拒绝往来。

要不要点头?该不该答应?就看孩子给的理由有没有道理。当然,这回超时的部分,他得在下次加倍奉还,恕不找零。

🔑 秘诀040　手足同步启动

在演讲中,我常常分享一件事:我们家亲子之间的黏性很大,许多活动都采取同步进行的方式,以创造更多亲子之间互动的机会。这种模式在孩子使用电子产品时也延续着。

在使用电子产品时,我们家三个孩子会很自然地聚集在一起,分别或共同使用眼前的手机或iPad。当大家同步在同一个空间里使用电子产品时,家庭成员之间对于彼此正在进行的游戏或软件就有了相互分享的机会。

另外,孩子在这样一个完全公开的环境下使用电子产品,也可以避免类似网络超级链接一按或软件轻易一下载就越界看到或接触到不适合孩子的内容。

坦然、自律,我想这是放手让孩子使用电子产品的基本要求。当然,设定好的时间一到,所有人都要遵守约定,统一离线,将电子产品"上交"。

问题十一

【同伴的认同与比较】

可以让孩子带手机上学吗?

"妈妈,我可不可以带手机去学校?"小靓用渴望的眼神看着妈妈,期待妈妈点头同意。"妈——妈——可不可以啦?"

见母亲不为所动,孩子只好拉长音,试着让母亲改变心意。

"为什么我不能带手机去学校?"关于孩子的这个问题,作为父母的你实在懒得理会。

"为什么? 为什么? 为什么?"小靓仍不放弃。"同学们都带啊! 为什么就只有我不能带? 这样真的很奇怪!"

"很奇怪? 哪里奇怪?"小靓这句话,正好触碰到了母亲的底线。"你是去学校读书,还是去上班做生意? 很奇怪? 我看你们现在这些小孩才很奇怪! 带手机要做什么?"母亲抛出这个问题,等孩子接招。

"可是,同学都带啊!"小靓试着强调这一点。

"同学都带,然后呢?"母亲眼神坚定地看着孩子。

"就只有我没有,那不是很奇怪吗?"小靓有些气急败坏地回答,因为想带手机到学校的要求,她已经不知道提多少遍了。

但显然这个回答无法说服母亲。因为母亲觉得,学校就是上课、学习、和同学相处的地方,同学之间能够面对面交流和沟通,为什么还需要手机呢?

"算了,算了,懒得跟你讲了。反正再怎么说都没有用,老古板一个,根本不知道人家在想什么。"小靓心灰意冷地说。

母亲还是没有动摇,只是对"老古板"这三个字挺有意见。

小靓不想说话了，正确地说，是不愿再和母亲说话了。她离去的背影有些消沉、落寞。但对母亲来说，似乎刚刚打了一场胜仗。

"带手机到学校干什么？真是莫名其妙。"母亲抱怨着。

但其实莫名其妙的，也包括父母自己。父母捍卫着一个信念："上学为什么要带手机？"但是父母却不熟悉也不了解当今青少年的互动生态，父母感受不到青少年在与同伴相处时的那种和他人不同、难以融入、有压力的感觉。

坚持合理使用电子产品与网络的秘诀

🔑 秘诀041　带手机上学，要有理由

🔑 秘诀042　父母别成为始作俑者

🔑 秘诀043　对青春期的同伴压力，敏感一些

🔑 秘诀041　带手机上学，要有理由

如果孩子想带手机到学校，父母和孩子都请给彼此一个正当理由。

给孩子用手机，当然需要理由，而让小学生带手机到学校，更需要有合理的理由。

孩子把手机带到学校，上课时是用不到的，除非孩子常常"低头思故乡"——看手机。

带手机上学，孩子给出的理由之一可能是他在学校要用手机查资料。但是如果学校采取多媒体形式教学，那么学校里总会有电脑、网络或者图书馆可以让孩子查阅资料。

孩子给出的理由之二可能是他下课时要看手机。但孩子不是一直强调要和朋友联络感情吗？上学时，同学、好友就在眼前，好好利用下课时间面对面交流，不是更好吗？更何况，成长中的孩子多去操场、球

场跑一跑、跳一跳,对于身体的发育、感情的维系不是更有帮助吗?

或许孩子会说,在学校时同学都玩着手机聊着新下载的软件,他如果也带手机去学校就可以和同学有更多话题可聊,还可以多多增进感情。这话乍听起来似乎有道理,但却不能成为把手机带去学校的理由。

若孩子想带手机到学校,父母和孩子彼此都需要先想清楚这么做的真正需求。

"很多人都这样啊!""为什么别人都可以带?"

听到孩子如此质疑,父母也被刺激得掰出许多歪理:

"很多人都在读书啊!""为什么别人可以考前三名?"

上面的回答孩子和父母都不接受,亲子冲突就此爆发。

还有另外一个可能:是不是孩子想炫耀?若果真如此,请孩子把这份心思放在心里,手机则放在家里,别表现出去。

🔑 秘诀042 父母别成为始作俑者

孩子想带手机去学校,还有一种比较尴尬的原因是:父母要求孩子把手机带在身上,以便随时追踪和联络孩子。

这种情况可能导致的结果是:父母安心了,但学校老师很头疼。一是担心学生把手机带到学校太招摇;二是担心手机在学校遗失了很麻烦;三是担心手机诱使学生上课不专心;四是担心学生上课时可能会偷拍,上传到网络上。

父母的理由是:如果有急事,至少可以联络。但说真的,给孩子手机这些日子以来,到底有过哪些急事?如果真的很急,请老师帮忙借个电话总可以吧!

各位父母,请别让自己成为麻烦的制造者。

🔑 秘诀043　对青春期的同伴压力，敏感一些

父母不能轻视孩子想带手机去学校这件事，特别是家有青春期孩子的父母，因为青春期孩子会面临同伴带来的压力。

父母觉得可以不用管别人怎么说，但是，对于青春期阶段的孩子来说，比起父母的话，他们可能更在意同伴怎么说和怎么看。

父母请认真听听孩子的想法，或许在孩子心里，有着一些不为人知的困扰。

当然，许多事情并没有绝对的可以或不可以。台湾教育主管部门制定的《校园携带移动电话使用规范原则》中，就允许初中和小学的学生携带手机到学校，只是在使用时间上有规范。

我想这个问题的关键在于：孩子想要带手机到学校，背后的原因是什么？父母帮助孩子梳理清楚这一点，也将有助于父母了解现阶段孩子的社交情况及想法。另外，孩子如果给出自己的理由，父母是否全然相信，这当中也关系着亲子间的互信。

父母也可以换个思路想一想：孩子不带手机去学校，到底会怎么样？如果答案是"没有手机好无聊"，那手机可千万别让孩子带到学校！

问题的另一个关键在于青春期孩子带手机到学校，要他切换至飞行模式或上课关机，他能不能做得到？我想，一切都要回归到孩子的自律能力以及父母对他的信任上来。

问题十二

【孩子有使用权，但是父母有保管权】

手机到底是谁的？

大儿子曾问我："爸爸，你的手机什么时候换新的？"

这句话的弦外之音是："旧的手机能不能给我用？"

大人常常因为各种原因更换手机，于是二机、三机、四机很容易在家里囤积。既然放着也是放着，许多父母索性就让孩子开始慢慢接触手机、使用手机。

我家的情况也是如此。

有时孩子会问："我什么时候可以有自己的手机？"

这的确是个好问题，但是请父母注意，孩子问的是"拥有"手机，而不是"使用"手机。

在我家里，念小学的老大和老二接收了我和妻子的旧手机。名义上，这手机是给他们的，但是实质上，我还是享有保管手机的权利与义务。

当父母给了孩子手机，这时，手机的所有权到底是谁的，由谁来保管？这决定了孩子使用手机的权限、时间与内容。

那么，父母对于孩子使用手机应该介入到什么程度呢？请别忘了，父母或监护人有维护与保障儿童和青少年身心免受电子产品危害的责任。

面对沉迷于手机的孩子，父母却苦于无法将手机从孩子的手上收回。这是很残酷的现实，经常发生在青春期孩子身上。

而现在，使用手机的孩子年龄越来越低龄化，比如我家上幼儿园大班的小儿子看到哥哥姐姐都有手机用,也露出了期待的眼神暗示我们:他也想要手机。

但当手机到了孩子手里之后,父母发现再想收回变得很困难。而当给孩子的手机收不回来时,这也暗示了亲子关系的失衡,同时也在提醒着父母:孩子不把你的话当一回事。

然而,孩子对父母的指令置之不理,不会是从今天才开始的。

之前,每次父母要收回手机时,态度和行为都不坚定,说归说,但最后还是向孩子妥协了。于是妥协循环往复。所以千万别小看"收不回来"这件事。这次无法收回,那下次更是难上加难。

根据近期台湾一份报纸的报道,台湾教育主管部门公布的中小学学生网络使用情况最新调查结果显示,学生拥有智能型手机的比例有逐年增加的趋势。

孩子能不能拥有手机? 这个问题让很多父母陷入两难的选择中。给,也烦恼;不给,也烦恼。

坚持合理使用电子产品与网络的秘诀

🔑 秘诀044　手机的保管权归父母

🔑 秘诀045　孩子仅仅被授权使用

🔑 秘诀046　手机拿不回来的信号

🔑 秘诀047　使用权限的评估

🔑 秘诀044　手机的保管权归父母

这里先撇开高中生自己打工存钱买手机的情况,毕竟他是自己赚钱自己花。要限制高中生买手机是很难的,而且也没有必要。这种情况下,手机的所有权与保管权,理应属于孩子。

然而,对初中、小学的孩子来说,必要时,父母仍需要保留手机的保管权。保管,不见得是要窥探孩子的隐私,偷看他的信息、留言、交友或通话情况。保管,在于让自律仍然有待加强的孩子能够与手机保持相互独立的关系。

保管,也是在告诉孩子,他真的不需要那么频繁地使用手机。没有哪个孩子需要成天把手机挂在身上。保管,也在提醒孩子,在手机被保管期间,他该去做一些自己分内的事,让心思远离手机,别再挂念手机铃声什么时候会响、哪个人又发了信息。

保管,也在让孩子适应没有手机的日子,他依然可以自在地生活。保管,更是锻炼孩子时间管理的能力。保管,不代表父母不信任孩子,但父母心中多少还有一些迟疑,所以保管权暂时归父母,这对亲子双方都有益处。

对于自律仍处在发展中的孩子来说,手机具有绝对的强效吸引力。手机使用后,统一归父母保管,让孩子的专注力和心思回归生活与学习,这是父母需要承担的监管责任。毕竟手机的魅惑力真的太强了,就连许多成人都无法抵挡,更何况是孩子。

🔑 秘诀045 孩子仅仅被授权使用

父母一旦给了孩子手机的"所有权",会让孩子直觉认为:既然手机是我的,当然就归我保管。但是对于心智未成熟的孩子来说,把诱惑随身携带,实在是太大的挑战了,孩子很容易与手机陷入"热恋",不想它都难。

当"恋情"燃起,很容易一发不可收拾。纵使父母不接受这段"感情",但很抱歉,孩子已经和手机难舍难分了。

要是时间可以倒流,父母一定要在当时告诉孩子:

"当你要使用时,再向我们借。"

也就是说,手机的所有权还是归父母所有。

🔑 秘诀046 手机拿不回来的信号

亲子之间的互动并非是一场你输我赢的竞赛,父母也不需要高高在上,要求孩子配合、听从。可遗憾的是,手机拿不回来这件事,很明确地透露了一个信息:父母落败。

事情发展到这种程度时,我想提醒父母"从长计议"孩子使用手机这件事,别想一次就把手机收归"国有"。

手机拿不回来,那么请父母先抛开想拿回手机的想法,去接纳手机在孩子身上这个事实,毕竟当下如果采取激烈手段取回手机,并非明智之举。更何况,现在的情况是父母想拿,还拿不回来。

所以,当父母递手机给孩子时请三思,除非你有自信能收得回。让孩子玩手机没问题,但处理得不好,很容易让亲子关系变糟。

让我们换个角度,重新思考一下:孩子"机不离身"代表了什么?

我们需要想清楚手机对孩子的隐含意义:是社交人际、声光刺激、自信象征,还是虚荣和成就感。从中我们可以找出孩子与手机形影不离的线索和原因。

🔑 秘诀047 使用权限的评估

有时父母会发现,孩子在等待你同意他使用手机之前,往往是愉悦、笑容满面的,说话时也轻声细语(吵着跟你要的不在此列)。但是,当使用时间到,必须归还手机时,请注意他的情绪是否极易转为烦躁、易怒、不耐烦,或说话态度不友善。

如果答案是"YES",这时,建议父母先暂停开放孩子使用手机的权限。

因为孩子使用手机而导致的亲子冲突,其中大部分的原因往往在

你的孩子被手机和iPad绑架了吗?

于孩子未遵守原先的约定。例如使用时间到,孩子却总是心不甘、情不愿地拖延时间;或原先表示是要用手机拍照,最后却玩起游戏来。

孩子能否遵守约定和承诺,将决定着他下次能否获得使用的授权,关于这一点,父母需要对孩子进行彻底的征信及评估。

问题十三

【网络内容的规范与界限】

父母知道孩子都上哪些网站吗？

在一次赴偏远地区早期治疗跨专业团队"到宅服务评估"的过程中，我遇到一件让我印象深刻的事。当团队里的治疗师、心理师、特教老师及社工等进入个案（一个五岁男孩）的家中时，这个小男孩正在电脑屏幕前玩打僵尸的游戏。

在众人瞠目结舌的围观下，小男孩利落地展现了他打僵尸的功力。游戏场景暴力十足，当下让我感到极度不舒服，讽刺的是，眼前这个孩子却乐在其中。

然而，当对这个小男孩进行各项专业的评估后，我们发现，无论是在认知、语言、大动作、精细动作、社会情绪还是日常生活能力方面，眼前这个打僵尸的小男孩都呈现出和一般孩子极大的差别，他各方面的发展明显落后——除了打僵尸游戏之外。

这一刻，我们深刻感受到父母放任不管的严重后果。

父母放任孩子在电脑屏幕前打僵尸，又怎能期待这个无辜的小男孩有美好的未来与发展呢？

同样的问题，不只发生在偏远地区。

把镜头拉回城市，从学龄前开始，随着孩子年龄的增长，类似的情况比比皆是。父母除了疏于管教之外，当然还包括对于孩子使用的网络内容的陌生：不知道孩子在浏览什么网站、沉迷于哪些在线游戏。

说真的，有些父母只能远远地望着电脑屏幕前孩子的背影，虽然孩子近在身边，但却感觉十分陌生。特别是青春期的孩子，他们很忌讳且敏感父母的介入与干涉,甚至会提醒父母:"我在用电脑,不要来吵我!"父母自然也没机会去了解孩子在用电脑做什么。

在手指的点按之间,世界可以弹跳至无限远,网络的威力与魅力就在这里。但是,也因为网站之间的切换太神速,父母必须留意孩子上网的细节。父母一旦完全授权或放任,让孩子无国界般地穿梭在浩瀚的网络世界,或任他关起门,全神贯注浏览未知的网页,这当中所隐含的高度风险是所有父母都必须正视的。

父母知道孩子在上网,但父母是否知道孩子到底流连在哪些网站?放手,并不等同于放任孩子在网络世界无止境地漫游。

父母一定要了解,并且适时掌握孩子使用的网站内容。

坚持合理使用电子产品与网络的秘诀

秘诀048 切实掌握上网的历史记录

秘诀049 玩网络游戏是有限制的

秘诀050 声光刺激的危害,注意!

秘诀051 预防青少年"网络破窗"

秘诀052 确定使用的功能定位

秘诀048 切实掌握上网的历史记录

对于未成年孩子来说,父母了解并掌握其使用的网站内容,这已经不是隐私不隐私的问题,而是父母需要承担的监管责任。当孩子要下载软件前,父母要预先确认所下载的游戏或软件是否适合当下年龄段的孩子使用。

我家里对孩子使用电子产品有个基本准则:孩子需要先告知我他要下载的软件名称和信息,并取得我这个爸爸的授权。有一些超龄、不适合的软件或在线游戏是不能下载和使用的。

虽然凡走过必留下痕迹，网页上的"历史记录"会显示所有浏览记录，这是使用电脑和网络的基本常识。但请父母别忘了，聪明的孩子更懂得如何清除最近的历史记录。

孩子都在上什么网站？是游戏网站、社交网站，还是色情影片或暴力影片的网站？孩子使用网络是搜寻知识信息还是不停下载软件？父母需要对以上内容了解清楚。

秘诀049　玩网络游戏是有限制的

如果是小学及学龄前的幼儿，当孩子想要用手机或平板电脑玩游戏时，试着先让他清楚地告诉你，他想要玩的游戏是哪一款。最好的情况是，父母清楚孩子在玩的游戏内容。另外，通过手机、电脑进行游戏时，建议尽量以单人单机内容为主，不做多人联机的网络游戏。

当孩子锁定好游戏内容之后，也要让他预估好游戏时间，而且仅能在这单一的游戏中进行，不能切换游戏。

或许孩子会抱怨："你们怎么管那么多？"

没错，这就是游戏的规则之一。我们就是不想让孩子在网络上漫无目的地闲逛。网络不只如虎口，更像到处充斥着诱惑的丛林！孩子要玩什么，就清楚地告诉父母，这是不变的原则。

秘诀050　声光刺激的危害，注意！

为什么留意孩子所玩的网络游戏内容很重要？

这是因为每个孩子流连于网络世界的原因不尽相同。特别是对于专注力差的孩子来说，网络游戏中声光刺激的诱惑，就足以让他耗尽精力、心力与时间在上面。

声光刺激的不断放送，让孩子有种错觉，认为自己可以维持优质的专注力在上面。"我也能专心!我也做得到!"没错,在声光世界里,专注力差的孩子正以平日少见的"续航力"在游戏中埋头苦干,破关再过关,过关再破关。

而这种对于声光刺激的需求及满足感,在孩子心里往往凌驾于其他事物,尤其是需要计划、思考、组织、推理等伤脑筋的事,统统被他抛到九霄云外。

孩子终日暴露在声光刺激之下,这对他的身心发展没有任何好处。而更令人担忧的是,声光刺激所带来的副作用,会让孩子更沉不住气。

🔑 秘诀051　预防青少年"网络破窗"

青春期孩子特别强调自主权,当他在上网时,总是会要求父母别插手。有些孩子会敷衍父母,让父母搞不清楚他到底在做什么。有些孩子则强烈捍卫自己所谓的隐私,因此,父母也别想知道他到底在做什么。

那这一道防线,父母该不该坚守?该不该捍卫?

答案当然是肯定的。

在我的经验中,和青少年沟通有一个大原则,就是彼此把话说清楚。他可以说需求,你可以提立场。他有他的原则,你有你的立场。自主权、隐私权、规范与界限,彼此摊开来说清楚。

要让孩子知道,父母并非要侵犯他上网的权利。父母不是要跟孩子对抗,但允许孩子接收什么样的信息,这是在使用网络之前,彼此必须信守的承诺与底限。否则孩子"网络破窗"了,越过了他的心智成熟度可以承担的界限,随之而来的是色情、暴力、攻击、谩骂等心灵污染……实在很难想象网络将对他产生什么样的影响。

一旦沾染了,要再洗刷、引导回正确的价值观,将需要付出极高的成本与代价。

当然,父母也别只是扮演"网络道德重建委员会"会员的角色,为反对而反对。父母也会遇到窘况,对于孩子正在浏览的网站内容一知半解,这时,请放下身段,真诚地询问孩子这些内容到底是在说些什么,也请孩子以比较简单的方式让父母明白和理解。

还可以请孩子分享某些游戏、程序和软件吸引他的地方。必要时,父母偶尔亲自体验,也能让自己更加进入状态。

有时,不妨让孩子来教父母如何使用电子产品。孩子教,大人学;孩子说,大人听;孩子示范,大人演练。这样的角色互换,往往会带来意想不到的效果,渐渐拉近亲子关系。

当父母想知道孩子正在关注的事物时,孩子是很乐意分享的。以我和自己的孩子为例,只要我开口询问,请他们介绍或分享自己熟悉的软件或游戏,孩子是非常乐意的。

秘诀052 确定使用的功能定位

记得我最早是把一部旧的iPhone手机(没有SIM卡)给大儿子用。当时最主要的目的是让喜欢记录火车的他,可以逐渐善用这个媒介来拍照或录像。

对于让孩子使用手机的目的,我主要是想让他们方便记录日常生活,就像随身携带一台数码相机一样。至于游戏软件的下载,则浅尝辄止。偶尔联机上网,让孩子浏览学校网页,或在网络上寻找自己感兴趣的影片。

手机,真的不坏,它让大人、孩子那么爱不释手。然而,当孩子在使用手机时,他到底在做什么? 玩什么? 是下载软件、玩网络游戏、上社交网站、做心理测验,还是录像拍照、搜寻数据? 智能型手机和一般型手机,孩子的所爱差别何在? 为什么一定要追求新款?

你的孩子被手机和iPad绑架了吗?

我们必须随时掌握孩子使用手机的状况,这一点,父母绝不能偷懒。

手机无所不在。围堵,只会激起孩子更多的想象和更大、更强的"想要"的欲望。当手机在眼前,孩子仍然能够心不浮、气不躁,优雅地面对,那当然最好。

手机,也可以成为孩子锻炼其自律性的一种方式,而要做到在手机面前面不改色、态度收放自如,则需要渐进地练习。

远离网络成瘾第 3 部

了解沉迷的关键原因

问题十四

【只爱玩手机】
别让孩子有了手机,就对世界失去了兴趣!

"爸爸,你今天要出门吗?"我家大儿子常这么问我。

他的意思倒不是:"爸爸,你今天要不要上班?"因为每天的工作行程,我都会在前一天告知家人。

大儿子这么问是想知道:爸爸,你今天要去哪里玩?

没错,就是"玩"。我经常在演讲中与其他人分享,我喜欢把生活与工作看成是一种游戏,或者说工作像玩游戏,生活也像玩游戏。玩出愉悦,玩出乐趣,玩出对周围事物的兴趣与活力。

网络上的朋友大都知道,我总爱称自己是"史上最爱移动的心理师"。这一点,要感谢各地乡亲朋友们的热情邀请,让我这么多年下来累积了一千多场在各地进行演讲的经验。

由于自己有机会到各地走走,我也期待把这份"到各处玩"的心情和孩子分享,因此,"出门去玩"在我们家是非常日常、说走就走的一件事。

我是一个爱玩、爱四处旅行的爸爸。因为工作性质及方式的原因,我年度工作和休息时间与一般上班族不一样。我可以自己调配时间。这些年,我有一件一直坚持做的事情:就是尽可能保证一个较为完整的寒假及将近一个月的暑假可以休息。在这期间,心理治疗、演讲、校园服务等都转为"休眠模式"。

孩子们当然也同步放假。

家中的"三好米"(我对于三个孩子的昵称)都在同一所幼儿园。从一开始我就和幼儿园沟通过,每年寒暑假我会让孩子们休长假,这种约定一直持续至今。由于孩子们平时没有上其他辅导班或兴趣班,所以放学后或长长的假期中,他们大多数时间就是玩玩玩,一直玩。

我常和其他父母分享我的一种观念和做法:你不一定非要带孩子去很远的地方旅行,但请一定陪孩子多到户外走走看看。

网络上熟悉我的朋友大概都知道,我们全家很爱环岛游。这些年的寒暑假,我们全家已前后环岛了十次。

为什么我们全家这么热衷于环岛旅行呢?一方面由于妻子的娘家在高雄,从宜兰到高雄与其往西部原路来回,倒不如环岛绕一圈。另一方面,环岛旅行这件事也让我陶醉在像拍公路电影的氛围中,随时有新的感受和想法,并且还可以让全家有长时间的相聚时间。更重要的是,环岛游让家中三个孩子在成长过程中,对这块宝岛土地上的人、事、物有了更细微的接触、认识及了解,进而更加关心与关注自己的家乡。

"爸爸,你今天要出门吗?"这是个好问题。

出去玩的时候,大人、孩子的心思都放在当下所处的地方及即将前往的地方。这样,不知不觉地也让电子产品处在"休眠"中,较少被注意。

你今天出去玩了吗?

替代电子产品与网络需求的秘诀

🔧 秘诀053　　出门作放山鸡,好过变饲料鸡

🔧 秘诀054　　多带孩子出去玩吧!

🔧 秘诀055　　留意孩子的问话

🔧 秘诀056　　人生要超越屏幕分辨率

🔧 秘诀057　　化为贴身好帮手

秘诀053　出门作放山鸡,好过变饲料鸡

孩子需要暂时关上电子产品的大门,至少让注意力转移到"即将出门"这件事上。父母选择宅在家,孩子会依样画葫芦,同样也会选择窝在家。待在家不是不好,而是遇见电子产品的概率很高,电子产品不时发出声声呼唤,魅力无法抵挡。

父母可能会有微词:"心理师,我的孩子哪是你叫他出门,他就会跟你出门的,没那么简单。"

就是因为没那么简单,所以我们才需要为孩子创造机会,引导孩子走出门去。

抱怨,很自然,但抱怨只会让问题在原地打转,而且还会让人越陷越深,解决不了任何问题。既然如此,抱怨显然不是好办法。如果父母期待孩子脱"瘾"而出,让生活重新回到正常的轨道,那就别再抱怨了。

玩真得玩出习惯、玩出兴趣并玩出活力。

倒不是窝在家里不好,但是除非家庭活动有许多变化,例如让孩子参与做饭菜、陪伴宠物、浇花洒水、清洗水族箱……不然,出门还是一种比较好的情境转换选择。

父母希望孩子像自由自在的山鸡一样,多接触大自然,在宽广的世界里奔跑,满足他对视觉、听觉、触觉、味觉、嗅觉等五感的好奇呢,还是希望他像只饲料鸡一样,窝在有空调、温度保持恒温、充斥着电子产品的室内空间里,被无限宽广的网络所束缚呢?

秘诀054　多带孩子出去玩吧!

我很喜欢欣赏网络上许多家庭的外出旅行记录。

出去玩吧!你的孩子还有你自己,有多久没看过海,多久没亲近山了?让孩子去闻一闻海的气味,任海风吹拂,让他拥有关于海的记忆。

出门看看河流和溪水吧！遥望溪流的上游、下游与悠悠蜿蜒的水流，自然容易忘却电子产品。

往山里走吧！台湾的高山之美令人流连忘返，但你不一定要攀爬高山百岳。走向自然吧！林道也好，步道也行，山林之美不只是视觉盛宴，和孩子一起共享山林中的虫鸣鸟叫，细细地品味花草树木。眼前的自然质地绝对胜过各大品牌电子产品屏幕的分辨率。

出去玩吧！骑骑单车也行。让孩子纵情于踩踏之间，在自行车轮的轮转之下，对于电子产品的依恋也比较容易烟消云散。

秘诀055　留意孩子的问话

我很欣喜，在放假的日子里，小儿子起床后不是问："爸爸，我今天能不能玩手机？"而是问："爸爸，我今天能不能去外面玩？可不可以去喂鱼？"

请父母也回想一下，放假时，你的孩子起床后是怎么开口问你的。

这可以算作一项指标，它可以反映孩子当下的关注焦点。

年纪小的孩子，多引导他将注意力放在大自然上，在他的记忆里储存一些微风拂面的凉爽喜悦，以及阳光洒落在身上的暖暖温度。让他亲眼看看耕耘、播种和收割，再闻一闻泥土与稻田的味道。

我们选择让孩子接触多大的"屏幕"，也就为孩子的未来开启了多宽广的视野。

秘诀056　人生要超越屏幕分辨率

猴年春节期间，在台湾宜兰市一处闲置已久的汽车站，"欢乐宜兰年"活动在此举办，其中有报废公交车变装的可爱长颈鹿、大象形象的艺术品展览及幸福巴士。由于这里离家很近，我和妻子带着孩子前往，望着孩子穿梭其间欢乐玩耍的景象，我也在网络的涂鸦墙上贴了照片，并留下了一段话：童年，可以多一点颜色。待长大以后，好回味。

真的，对于我来说，身为父母可以为孩子做的，就是让他们的童年多一些缤纷的颜色。而这些色彩来自于他们成长中和生活中的经验，以及大自然与人文的体验。这一点，绝对不是电子产品的屏幕所能提供与满足的。

回味，需要切切实实的生活经验和体验才够有滋有味。

让孩子从对事物的细微观察里得到乐趣，这需要我们先做好示范。比如一朵花，你试着以九种拍法：远拍、近摄，上下、左右或前后，主体或背景，清晰或模糊的方式进行拍摄。这样的示范可以让孩子从周遭的事物中得到或感受到更丰富和更细腻的体验。

让孩子的眼光超越屏幕分辨率，为生活多添一些现实的色彩。

🔑 秘诀057　化为贴身好帮手

这世界是个无边界的宽屏幕，值得让孩子细细品味。在旅行中，手机也可以扮演贴身好帮手的角色。以我自己为例，手机除了和其他人联系、影像记录、网络贴文分享之外，也可以用于上网了解相关行程的细节。

寒假期间，我们全家第十次环岛旅行出发前，我主动提醒念小学六年级的姐姐与小学四年级的哥哥记得带手机。幼儿园大班的小儿子则自备了一副小的望远镜。孩子们所带的手机没有SIM卡。我提醒他们携带，是想让他们用手机来拍摄、记录旅途中所关注的人、事、物。

拍照与录像一直是我将旧手机转给孩子用的主要目的，不过，平时保管的责任还在我身上。

当然，孩子们多少会期待能够扩充手机的功能，让他们可以多一些娱乐，也比较好玩，因此除了手机的拍照与录像功能，有时我也会通过热点分享，让他们上网观看影片、玩小游戏或下载有意思的小软件。

即便如此，我还是会随时留意孩子在九天八夜的逆时针环岛旅行中，如何与手机保持干净利落的关系，避免他们放错焦点——我们是旅行，不是玩手机。

"手机可以让孩子对这个世界更感兴趣。"这样的观点，我们需要对其持保留态度。

我一直特别留意不让孩子有了手机，就对这个世界失去了兴趣，尤其是这个看得到、听得到、摸得到、闻得到、尝得到，需要实际去体验的现实世界。

孩子需要与真实世界彼此互动，相互联结。别让孩子把屏幕里的世界当成全世界。

问题十五

【心理投射与角色认同】

父母可以追电视剧,孩子不能追动漫?

咨询室里,我眼前这位高中生面容憔悴,表情木讷,没有太多的情绪反应。

这孩子有些精神不济,看起来很疲惫,多数时间保持沉默,只以略显无神的目光直视着我。依照以往的经历,我知道,这样的孩子我不问,他不会开口;就算我问了,他也不见得有多少回应。

被动、不说话加消极反抗,这些往往是许多非自愿被介绍来心理咨询室的孩子常有的一致反应。有时,他们对于心理师的提问就以一个单字作为回答。

从他的基本资料中我发现,这个大男孩原先并不是这个样子的。之前一两个学期,他在班上的成绩总是在前三名之列。

成绩当然并不等同于全部,而且据我推测,对现在的他来说,学习和成绩恐怕已经不是他关注的重点了。他关注的事物已经转移了,他把大部分的时间都投注在令他着迷的动漫上。

"你现在正在追哪一部动漫?"

话题一旦切入"动漫"这个关键词,大男孩的眼神瞬间转亮。我知道自己调对了与他对话的频道,动漫这个话题开启了我们对话的大门,我取得了让他愿意开口的授权密码。

"来吧!你说说看,我上网来查一下。"我边说边拿起手边的iPad。大男孩原本僵硬的肢体瞬间放松下来,身体微微向前,距离我又近了一些,我可以感受到他的兴致勃勃。他这副感兴趣的模样,就像我们跟朋友聊起韩剧、日剧时一样。

他的话匣子打开了,对于目前所追的动漫侃侃而谈。许多动漫对我来说是陌生的,有些甚至到今天才听说。但我心里能接受,毕竟这个世界真的好大,每个人所关注的焦点不一样。我也很感谢这孩子让我开了眼界。

这个大男孩昨晚应该没睡好,但只要聊到动漫这个话题,他立刻就活络起来。

看得出来,他非常钟情于动漫。这很自然,我们也曾经为某一样事物如此着迷过。

只是很诡异的是,大人自己追剧追得理所当然,但是看待孩子追动漫,却往往不以为然。

当孩子沉迷于动漫,父母该如何看待?

替代电子产品与网络需求的秘诀

🔍 秘诀058　谢绝两套标准

🔍 秘诀059　避免以偏概全

🔍 秘诀060　承认自己的局限性,展开亲子的无限

🔍 秘诀061　聆听孩子追动漫的原因

🔍 秘诀062　作家笔下的世界

🔍 秘诀063　借助动漫中的正能量

🔑 秘诀058　谢绝两套标准

我们大人总认为,做学生就应该有做学生的样子。而因为我们已经把学生的样子和学习绑定在一起,所以只要任何让父母觉得威胁学

习的事物，一律都加以"封杀"。

花时间看动漫？拜托，考试不考这些吧！太耗时间了，不行！父母认为这有"伤"学业。

可是我们大人追剧呢？理由不外乎是：当作下班后或做完家务事的休闲消遣。

那孩子追动漫呢？父母可能会说："哎哟，反正就是不适合！浪费时间。"父母支吾其词，说不出个所以然。

大人、孩子两套标准，这是亲子间在使用电子产品的沟通上经常谈不拢的原因，同时，也是令孩子不服气的地方。

关于标准的一致性，父母请多多思考。

🔍 秘诀059　避免以偏概全

"任何事物都有它存在的意义。"我常在心里这么告诉自己。

父母急着强迫孩子远离动漫，他反而可能会脱口问你：

"你知道什么是《无头骑士异闻录DuRaRaRa!!》吗？"

"你听过《进击！巨人中学》吗？"

孩子噼里啪啦讲了一长串片名，父母却连一个也没听过。

视频网站何其多，所播放的电视剧、电影和动漫影片种类更多，我们当然不可能什么都懂，甚至可能连听都没听过。

先别认为这是孩子在挑衅你。

虽然父母可能无法接受他说话的语气，但是请少安毋躁。其实孩子正在表达一个信息：别以偏概全，全盘否认他所接触的东西，至少父母也得先搞清楚再说，否则父母的说教对孩子来说一点都没有说服力。

如果父母对于孩子目前所追的动漫一无所知，对孩子为什么喜欢动漫当然也就无从了解，无从介入了。

🔑 秘诀060　承认自己的局限性，展开亲子的无限

父母必须承认，关于动漫、关于网络、关于游戏，其实我们懂得不多。

父母千万别不懂装懂。父母勇于承认自己的不足，我想这是父母给孩子最大的善意。特别是对于青春期孩子来说，他们最无法忍受"明明你无知，却又装成什么都懂"这件事。

当孩子发现父母接纳他看动漫，他可以感受到你正在试着了解他和他所关注的事物。而一旦亲子之间、师生之间有了交集，那亲子和师生之间产生共鸣的那一天也就不远了。

在心理咨询与治疗工作中，来咨询的孩子对我来说在某种程度上也是我的老师。无论大人或孩子，每个人都有他关注的领域、擅长的事物及掌握的知识范围。面对孩子，请别只想以年龄（资历）、身份（辈分）来压制他们。

我常常感恩，对于社会上流行的事物，很多我都是第一时间从自己的孩子，以及校园、社会福利机构、心理治疗所等服务的儿童、青少年那里得知或了解到的。他们就像一扇窗，为我展现了充满奇趣的新颖世界。

🔑 秘诀061　聆听孩子追动漫的原因

父母请想想你曾经追逐的那些热门剧集，当时吸引你夜以继日收看的动力是什么？青春期孩子迷动漫，也是同样的道理。

听孩子聊聊吸引他追那部动漫的原因。有时孩子是从动漫的角色中尝试寻找自我认同，或动漫故事的内容有他渴望和期待的未来，当然，也可能有现实生活中的无奈。若孩子愿意和你分享，父母请试着倾听。

秘诀062　作家笔下的世界

父母可能担心孩子着迷动漫会导致他现实和虚拟不分,混淆了两者的界限。父母可能也担心孩子认为网络世界才是属于他的世界,导致他无法脱离虚拟世界而回到现实中来。

当然,父母需要让孩子知道,在关上电脑的一刹那,动漫就结束了。动漫一集又一集,终究有完结篇,而那些完美的境界、角色与内容,也都出自画家、作家的笔下。

动漫,终究是动漫。

父母也会担心,部分动漫在暴力与色情上的过度描述,可能会让孩子失去界限,进而效仿。我们不妨和孩子一起讨论"基本界限"的界定,像暴力、色情、血腥、煽情等内容,他是如何看待的。

秘诀063　借助动漫中的正能量

父母可以支持和陪伴孩子进入动漫世界,从孩子的角度一起萃取动漫角色中的正向元素与特质,也可以借此引导孩子了解他自己"自我接纳"的程度,孩子与喜爱的角色之间的相似之处,同时也能和孩子一起从动漫中学习判断、组织、分析和推理剧情的能力。

至于离线后的"不适"滋味,曾经追过电视剧的大人应该都有同样的感受。难耐、期待是非常自然的感觉。虽然剧永远看不完,但我们可以细细地品味、消化及沉淀。

孩子追动漫、沉迷于动漫,其实也在提醒父母,要留心他日常关注的焦点与时间的分配。父母应该教会孩子如何分配自己的精力与时间,别让观看动漫影响到孩子日常生活和学习的节奏,做到适可而止。

动漫,一定有其诱人的积极正面的特质,这些特质有可能是孩子纾解压力、激发创意与灵感的来源。父母可以理解及支持,但是,孩子追动漫一定要在合理的时间范围内。

问题十六

【培养压力适应与调适能力】

在线游戏能纾压?

我称这个女孩为"打游戏女孩"。

高三学生总是将"倒计时"挂在嘴边,虽然明知越数压力越大,但各种大考小考带来的沉重考验,让人就怕考试结果不理想。

这个女孩每天的生活就是固定的三大模式:学校——补习班——上网打游戏。

白天在学校教室里,说是补觉也好,掩饰(埋头于补习班的课本上)也罢,她上着自认为对往后考试无益的课,"浪费时间"四个字总是盘踞在她心头。但是为了避免因为旷课导致扣分或无法顺利毕业,她索性就让自己脑袋放空,维持"低能耗"。

放学后,她转移到补习班,这里一直有股肃杀之气,前后左右感觉都是"刺客聂隐娘"。周围的同学都是未来考场上与自己捉对厮杀的狠角色。她总认为自己会败在这群人手中。讲台前则是号称"名嘴"的老师以"光速"将无法消化的大量内容硬塞到她的脑子里,反而使她提取的速度变得更慢。

但说实话,对女孩来讲,补习班是"安心"的所在,可以抚慰她那忐忑不安又浮躁的、不知该如何准备考试的心。或者直接点说,补习班就是一种保平安的存在:有"补"有保证。

但这些她都没兴趣。回到家,她洗净疲惫的身躯,以宵夜、零食犒赏自己,接着很本能地开启电脑,连上《英雄联盟》游戏,进入一天里她最期待也最放松的一刻——越夜越美丽的打游戏时间。

在这段打游戏的时间里，根本没有人会提到考试，她也可以不用去听父母的唠叨，他们嘴上永远挂着："好好准备考试！"

时间，在这里似乎是不存在的。

与其说"打游戏女孩"喜欢在游戏中对战，倒不如说，在玩游戏的同时开启聊天室和别人聊天才是她的乐趣所在。

有时在游戏大厅里，她会逐一搜寻好友名单找朋友聊天。聊天可以让她放松。尽管聊天的内容言不及义，但没有关系，这样的对话反而可以让她的脑袋放空。只是这一放空，也让她连带地把白天教室里、晚上补习班的上课内容一起变空了。也好，女孩的心里想：脑袋空空的，说不定明天可以装进更多的信息。

边打游戏边聊天，这样的"放松"方式陪伴她度过了无数的夜晚，时间像离地三尺般地飘着，不知不觉间过去得无声无息。天一亮，又要开始倒数：108天、107天、106天……

打游戏看似让女孩心情放松了，但是说真的，女孩却感到越来越焦虑不安。特别是每回下线之后，她才惊觉自己实在花了太多的时间在上网玩游戏上。

电脑屏幕旁，堆着一摞一摞的考试用书，以及明天要交的报告、考试卷子等，而女孩的心早已疲惫，眼前一片模糊。

"打游戏女孩"也深刻明白自己是在逃避眼前的现实压力，尤其每当夜深人静离线时，那种感受更明显。

准备考试有压力，不准备一样有压力，而且从初中开始到现在高中快毕业，压力从未消失过。无论升学形式如何改变，无论大学的录取比例如何提高……升学的压力，仍然无所不在。

替代电子产品与网络需求的秘诀

🔍 **秘诀064** 任何娱乐都要均衡

🔍 **秘诀065** 确认压力源,寻求解套方法

🔍 **秘诀066** 帮到忙 vs 帮倒忙

🔍 **秘诀064 任何娱乐都要均衡**

许多面临升学考试的孩子,在他们时间与精力的分配中,学校与补习班占了很大的比例,至于课有没有听进去、书本里的内容有没有读进去,再说。除此之外,父母还期待孩子回家后,能把握时间再多念一点书。

但是,背负着考试压力的孩子可能会表示自己需要放松,而看手机、玩平板电脑和上网娱乐是许多人首选的放松之道。

然而值得深思的是,放松之后呢?如果对于更重要的事有帮助,例如能为准备考试补充能量,这当然是好事。就像孩子会告诉你,电子产品会让他放松,是纾解压力的好方法。

面临考试的孩子最讨厌被父母这么催促:"把握时间,好好看书,准备考试。"但父母总是爱讲。

"谁不知道要好好利用时间看书?那你来准备啊!看你会不会有压力。"这是神经紧绷、压力山大的第一线考生心里常有的呐喊。

在线游戏作为一种纾解压力的方式,没有绝对的对错。孩子在游戏对战中与网友的私聊,的确可以让他暂时抛开课业上的压力。然而问题的关键在于,当心思与时间太过投注于此,青春期的孩子可以干净利落地抽身,还是会招来更多的压力?

其实对于选择放松的方式,有一个很关键的考虑,那就是避免因为

选择了 A 放松，而换来 B 的负面后果。因此，孩子在选择放松的方式时，不管用什么方式都应该有一个重点：那就是要适度。过与不及都不是好事。

父母应该时刻注意，孩子打游戏本身没有错，重点在于孩子当下有没有本钱（例如有多少时间、考试的准备进度、自律的程度、心情与思绪转换的能力等），能让打游戏这件事为他自己带来加分的作用。

台湾某报纸曾刊登过一则新闻，标题为《花莲高中二人考试满分，课余打游戏纾压》。值得注意的是，报道内容里提及了：两人虽然课余时间玩在线游戏，但不是宅男，喜欢户外活动。在家里上网玩游戏都在两小时左右，因为父母将电脑设了密码，不能随时上网。

通过这则事例，我们可以总结出孩子上网娱乐的一条基本准则：娱乐内容的均衡及有限的上网时间。

秘诀065 确认压力源，寻求解套方法

当孩子表明玩在线游戏是种放松和纾压的渠道时，这同时也在提醒父母，孩子在这段期间是有压力的。

这个时候，找出孩子的"压力源"是关键。因为唯有先确认压力源是什么，才能锁定目标、对症下药，进而解决问题。

例如，孩子的压力在于数学和英语的基础概念薄弱，这时，除了平时做好压力纾解之外，关键还在于如何解决问题，也就是针对数学、英语进行补习。否则，游戏打完了，第二天，数学、英语的问题还是没有解决，压力当然就继续周而复始地出现。

确认压力源，寻求解套方法，总比我们在一旁发牢骚要好。"你要再认真一点！"跟孩子唠叨这些话有害无益。有时问题的关键不在于孩子需要更认真，而是他遇到了困难，却不知道该如何解决。

如果孩子的压力来自于高估了自己实际的能力和水平而对考试结

果出现不合理的过度期待，这时，父母在协助的重点上，要聚焦在如何合理地帮助孩子调整想法及选填志愿。

扭转不合理的想法与积极通过在线游戏来放松，这两者也可以同步进行。只不过孩子毕竟高三了，上网的时间不宜过长。

如果压力在于考试期间缺乏人际支持，孩子可能会忍不住抱怨："大家都在准备考试，自顾不暇，谁还有时间理我？"这时候父母应该理解并做好心理准备，孩子的心思将转到网络上面，毕竟在游戏中，孩子可以第一时间取得网友的支持与关注。不希望孩子花太多时间上网？除非父母可以在现实中满足这些需求，否则，结果可想而知。

🔑 秘诀066　帮到忙 vs 帮倒忙

其实很多时候，孩子自己也清楚地知道准备考试的时间就那么多。有些孩子也不禁思考：玩在线游戏真的能释放压力吗，还是只是一种放松的假象？

有些孩子会发现，玩在线游戏一段时间之后，每当离线、关机时，原以为应该放松的自己，反而更焦虑、沮丧且心浮气躁。

孩子不得不承认，自己某种程度上其实是在逃避——逃避准备考试这件事。

我们都知道，事情摆在那里不去面对与解决，最后，压力只会越积越多。

请一起来陪伴孩子，共同面对这一场未来的考试。陪伴，可以让孩子感觉有父母在身边真好。不妨主动询问孩子，希望父母怎么做。

帮忙有两种，一种是帮"到"忙，另一种是帮"倒"忙。若父母真的想帮对忙，请先从了解孩子的需求开始。

问题十七

【关注孩子的人际互动与需求】

是爱上网，还是想交朋友？

明瑞很清楚，自己总是在网上刷存在感。他非常在意网上的朋友人数，至于这些所谓的"朋友"到底是哪些人，其实他不太在乎。只要表面上的数字不会让自己在班上太难堪就好。

明瑞不时地刷新自己的脸书（facebook，美国一个社交网络服务网站）涂鸦墙。他心里有数，每则留言的点赞数寥寥可数，但这仍然无法减少他在脸书上的流连频率。当他在网上看到有趣的内容，二话不说，立即分享。他的信念是不断分享和转载求关注，有一个回应算一个。乱枪打鸟，虽不中亦不远矣。

他还努力上网搜寻各种引人注意的图片和表情符号，无外乎想让多一些的人注意自己，或多点个赞。对他来说，数字的变化代表了一种存在感。

偶尔运气不错，明瑞在脸书上会遇见几个可以聊天的朋友，但对方的头像尽是些"非人"的非真实图片，所以对方到底是胖是瘦，是男是女，是大叔还是大婶，明瑞一概不知，但他也不在乎。反正在网络的匿名世界里所谓的"朋友"都是虚拟不真实的，为的就是聊天消遣。无鱼，虾也好，至少让他在人际需求上获得许多满足。

他发现通过键盘打字，他在脸书上说的话比平时在生活中多很多，至少在网络上，让他有话可说。虽然不知道到底谁会看他的涂鸦墙，但能够在上面自言自语、尽情地说，他心情也舒坦了许多。

现实生活中，明瑞很清楚自己在人际关系上的困境。他很害羞和腼腆,在班级里不愿意和别人说话。他心里想的是:根本没有几个同学愿意理我,能聊几句的同学,也差不多和我一样的性格,我才不想和他们说话,免得其他人把我和他们归为一类。

可是,明瑞对脸书的沉迷常引来父母的唠叨,他觉得烦躁又苦闷。

"他们根本不知道我的烦恼,总是爱说'读书才好'。我的苦闷有谁知道?"

说真的,不是明瑞不愿意在学校交朋友,而是交朋友哪有那么容易呢? 同学看到他,不是像遇到鬼作鸟兽散,就是无视他的存在。

一讲到人际相处,明瑞就郁闷难耐。其实他很想让父母知道:他没有朋友,他应该怎么做? 就是因为现实中没有朋友,他才上网找朋友。在人际关系、情感需求和归属感上,他需要被满足。父母不让他上网,那他更没有朋友了。

替代电子产品与网络需求的秘诀

🔍 秘诀067　别让孩子孤单一人

🔍 秘诀068　协助孩子找出交友限制点

🔍 秘诀069　了解孩子心中"朋友"的定义

🔍 秘诀070　合理看待网络社交关系

🔍 秘诀071　发挥破冰作用

🔍 秘诀067　别让孩子孤单一人

我在初中、高中的校园咨询及心理治疗服务中,总会遇到一些神情落寞的孩子,他们都是通过辅导室推荐或由家长陪同前来。有些孩子的问题,表面上的原因是孩子消磨了太多的时间在网络上。

通过一次又一次的谈话沟通,我发现了这些孩子隐匿在心中的那份落寞。有些孩子在校园里,虽然下课时与同学在狭窄的走廊上摩肩接踵,但他们还是感到孤单寂寞,他们心中仍然觉得自己是孤单一个人。

我在校园咨询服务里发现,比起成绩差,孩子更怕的是没有朋友,纵使只拥有一些"数字"上的朋友也好。虽然学业表现不理想会让人不开心,但是人际关系不好让人更难过,尤其是青春期的孩子,他们对于人际关系与归属感更是充满渴望。

社交网站有时就像蜜糖一样,让孩子流连忘返,毕竟孩子已经饥饿许久了。就像喜欢甜食的人遇见好吃的下午茶一样,往往会受不了诱惑。

父母要正视孩子在社交网站上传达出来的需求,如果想跳过这一点,直接要求孩子远离手机、电脑等电子产品和网络,这在某种程度上来说是残酷的。

除非孩子能在现实中获得满足,否则,当父母一味地要求孩子离开网络世界,孩子没说出口的真心话将是:那我的人际关系网在哪里?

🔑 秘诀068　协助孩子找出交友限制点

老是自己一个人,实在是情非得已。假如孩子在交友上总是找不到施力点,久而久之,挫折感就会越积越多。

父母要协助孩子找出交友的限制点:是社交技巧笨拙还是个性使然?是缺少对人情世故的了解,还是给自己套上了"反正"的魔咒——"反正我就是交不到朋友""反正就是没人喜欢我""反正我就是人缘不好"……

父母请和孩子一起梳理清楚挡在人际交往前方的"大石"是什么。

交友受挫,会令人心灰意冷,此时孩子需要被支持、被理解,这样才能激发他的勇气和动力,拿起碎石机凿碎大石。

当现实生活中的人际需求被满足,孩子也就不用总流连在网络上了。

🔑 秘诀069 了解孩子心中"朋友"的定义

对于朋友的认定与期待,每个人不尽相同。父母不妨和孩子一起进行头脑风暴,思考一下每个人心中关于"朋友"的定义,想想看这些定义合不合理。例如:

● 朋友就是愿意和我说说话的人。

● 朋友会和我分享心情。

● 朋友之间当彼此心情不好时,会聆听对方诉说。

● 朋友会支持我、陪伴我。

● 朋友会共同体验一些愉快的事物。

● 朋友的出现,会让我的心情好很多。

● 朋友之间彼此可以讨论功课,甚至对于交男朋友、女朋友,朋友有时也会提供建议。

● 朋友了解我,知道我喜欢什么。

● 朋友之间可以彼此解惑。

● 生日时,朋友会祝福我。

🔑 秘诀070 合理看待网络社交关系

社交网站的确令人着迷,所以,我们都身在其中。

在看待孩子与社交网站的关系时,并没有必要让孩子脱离其中。想要阻挡现代科技社会的互动趋势,既不必要,也没道理。

我想,重要的是协助孩子合理地看待自己与社交网络的关系,包括投注多少时间和精力在里面。

这是一个现实与虚拟的比例问题,孩子需要明白,无论如何,他自己最后都得回归现实。赤裸裸的现实虽然残酷，但他还是得去面对。这时，他不但需要勇气，更需要父母帮他一把。否则，孩子可能会迷失在网络上"以量取胜"的交友模式中，努力让网络朋友人数达到上限……然后呢？这能让他更满足吗，还是一切都只是旁人无法残忍戳破的假象？

🔑 秘诀071　发挥破冰作用

其实好好运用电子产品与网络的话，它们还有支持人际破冰的延伸功能。

我们家的"三好米"遇到外人或其他小朋友时，第一时间走的是"含蓄风"路线，多数时候会以静制动，仔细观察对方的反应，然后来决定自己与朋友的互动程度。

在全家第十次环岛旅行期间，一路上大儿子都在拍照，只要一有"手机时间"，他便乐于将所拍的照片通过照片编辑软件编辑出超炫、超酷、让弟弟和妹妹捧腹大笑的特效效果。

在旅行过程中，有一次我跟朋友在高雄聚会，我们两家的孩子之前仅仅见过几次面，说熟悉，却又陌生。我建议儿子拿出他一路上改编的特效照片和小朋友们分享。果然，这些夸张的照片担任了"破冰"的角色，孩子们彼此不设防，很快就笑在一起了。

电子产品的破冰任务一旦完成，便要及时退位，手机再度交给大人保管，孩子们回到没有电子产品的情境下互动，热烈程度依旧。

破冰的功能不仅如此。

前阵子，网络上掀起了一阵"哈味"风潮："哈密瓜有些人喜欢，有些人不喜欢，因为哈密瓜有一种哈味。"这段话在网络上出现各式各样改编的、创意的、混音的或动漫的版本，其中一个"哈味大婶"的改编版很受欢迎。通过观看视频，这股"哈味"也让我家里的"三好米"哈哈大笑了好一阵子。在演讲过程中,每当我放入这个"哈味梗",便能很快与现场的青春期孩子产生共鸣,瞬间拉近彼此的距离。

网络的威力、魅力、吸引力、扩散力及影响力,就在这里。你知、我知,你懂、我懂,让我们有一种与世界同步的感觉。

"哈味"只是一个小小的例子,先前电影《冰雪奇缘》里的那首 *Let It Go* 也衍生出数不尽的改编版本,在网络上也产生了很大的轰动。

任何事物一定都有它正面的作用,电子产品和网络也是如此。

问题十八

【孩子沉迷于打怪】
是不是现实中没有成就感？

"成就感？打怪可以有成就感？我看你在胡说！不好好读书，光打游戏能有什么成就感？打怪以后能有饭吃？能不用工作？能养家糊口吗？骗谁啊！"

父亲回到家，看到阿诚又坐在电脑前面"打怪"，立刻涌上一肚子火，破口大骂。

"就算跟你说，你也不懂。"阿诚淡淡地回应。

父亲听了之后更气了。"我不懂？我才懒得懂！你给我好好读书，像你哥一样考个好学校，别老跟我扯东扯西，你要是太过分，我就把网线也拆了。成天无所事事！"

阿诚懒得再接话澄清。但父亲耐不住脾气，火气越讲越旺。

"你知道什么叫成就感？名片，你看到没？名片，以后你的名片拿得出手，那才叫成就感！不然什么都是假的。整天坐在电脑前可以打出什么名堂？成就感……"

父亲从口袋中掏出名片，亮出他工作的头衔，密密麻麻的一大堆，在阿诚眼前晃啊晃。

阿诚发现自己和父亲根本像是两条平行线，是两个世界的人，完全没有交集。这么多年下来，两人越来越生疏，自己也懒得跟他沟通了。

当然，论现实生活中的表现，阿诚确定无话反驳。成绩嘛，不谈也罢，自然比不过优秀的哥哥。论人际，在一群朋友中也轮不到他说话，只能听。

就像现在的他，只能听父亲不停地唠叨，自己只能听着。

但网络的规则却很现实，只要努力打怪、闯关、取得宝物，等级和角色就有机会得到更新或升级，也能取得更精良的装备。

在游戏世界里，有些网友会崇拜阿诚，视他为大哥。但现实生活中，"大哥"两个字，阿诚想都别想。

在网络上，要赢得别人的尊重，只要你愿意花时间、买点数、研发新技巧和策略，就有机会成为被推崇的对象。阿诚觉得自己只要上网玩游戏就有"风"，一股自信与成就的风。

在网络上，阿诚知道每个人都有发表意见的机会，除了有人会听、会附议，还会给赞赏。这一点在现实生活中可是门儿都没有。

父亲没有要结束话题的意思，继续谈他的丰功伟业，聊他这么多年下来，如何在异乡孤苦伶仃地一个人奋斗，一切都是为了他的事业、为了这个家。

但这些话一从父亲的口中说出，还没抵达阿诚的耳朵便自动分解，消失殆尽了。他只望见父亲时而夸张、时而扭曲的表情，话语在耳中却无声无息，心中也没有任何感觉。

因为阿诚知道，眼前这个人对他一点都不了解。

替代电子产品与网络需求的秘诀

🔧 秘诀072　确认成就感从何而来

🔧 秘诀073　别套上大人的成就标准

🔧 秘诀074　协助孩子回归现实

🔧 秘诀075　成为聪明的玩家

秘诀072　确认成就感从何而来

在校园咨询服务中,我曾经遇到过一个有意思的案例。说来,当事人自己也颇为尴尬,因为她被推荐来咨询的原因在于平时花费太多时间在网络上,以致造成她学习成绩持续落后,出现压力调适问题而寻求心理师的帮助。

为什么说尴尬?因为她放学之后,书包一丢就马上坐到电脑屏幕前。她特别强调,在在线游戏里,她在社群中扮演"管理员"的角色,需要针对网友提出的疑虑给予回答或建议。提问五花八门,什么都有,她也乐在其中,逐一详细地回答。

在心理沟通过程中,这个高中女生说了一句:"我需要给他们提供咨询服务。"

很有意思,她用了"咨询"两个字。

但是,她因为花了太多时间在网络上帮网友进行"咨询",最后连现实世界里的学习也顾不了,结果泥菩萨过河自身难保,压力太大,反而自己来接受心理咨询。

这孩子钟情于在线游戏,或许源于她所谓的给网友提供"咨询"而带给自己的成就感。

在现实生活中,孩子是否有机会体验成就感?对于孩子来说,现实中如果没有,就到网络世界去寻找,这很符合人性,也很自然。

秘诀073　别套上大人的成就标准

或许父母会质疑:网络世界哪能有什么成就感?但无论父母觉得多么难以想象,对于青春期的孩子来说,成就感就在那里。

父母所强调的成就感,往往反映了大人自己关注的重点。

例如学习,这当然是父母、老师锁定的焦点,通过对学习情况的量化:分数、班级排名、学校排名、上了第几志愿的学校……以此来评定孩子的所谓"成就感"。

但就怕这是属于"父母的"虚荣心或期待,不一定是孩子在意的。

请先认同并接纳孩子当下所拥有的,先别把我们大人对成就感的标准往孩子身上贴。这种在自己付出努力后获得满足的感觉,还得孩子本人说了算。

秘诀074　帮助孩子回归现实

每个孩子从网络上获得的成就感不尽相同。从前面那个女孩的例子中可以看出,孩子的满足感来自于助人、满足对方的需求,然后让自己产生被需要、有反馈,以及能力得到提升的感觉。

这都是好事。如果协助这个孩子做好时间管控,把想要服务的"咨询量"维持在有限的范围内,或许她还可以保持现实与虚拟的平衡,这未尝不好。

当然,如果能顺利地把孩子在网络上的表现引回现实生活中,或许对孩子了解自己的兴趣、特质与优势能力等方面,都有很好的帮助。

在线游戏并不是魔鬼,也不需要人人回避,如果能够让孩子保持自己与网络之间关系的独立,避免若即若离甚至形影不离,这也是我们所乐见的结局。

秘诀075　成为聪明的玩家

《全球首例! 韩国将电玩成瘾视为疾病管理!》

这个斗大的新闻标题,相信许多父母看了会直冒冷汗。

这是来自韩国一份报纸的报道:韩国政府决定要将电玩游戏归类为上瘾物,像酒精与毒品一样,将电玩成瘾视为疾病进行管理。

有些沉迷于在线游戏而无法自拔的孩子,一部分的成就感来自于追逐游戏中所取得的成果,像是通关、取得新颖的火力与装备、等级的提升或者角色越练越强大等。

只不过,在线游戏所带来的成就感,保质期都很短。因为这种满足感太容易消失,孩子只能继续打怪、继续破关、继续品尝那短时效的满足感,接着就很容易周而复始,继续沉迷于其中。

父母需要提醒自己,别小看也别否认孩子的这种表现,父母或许不以为然,但别让这样的态度成为亲子之间产生隔阂的导火线。这些稍纵即逝的成就感,对孩子来说的确也是一种很真实的满足感。

但是,请让孩子知道,无论他拥有多么高超的游戏技巧,他还是在游戏里面。这些虚无飘渺的战绩或成就感,在离线、关机之后,不会转化到现实生活中,他很难在未来的学校申请书或求职简历里附上这些内容,以此作为资本要求学校录取他或用人单位给予他升职或加薪。

不是不能玩,也不是不能从游戏里获得成就感,但终究还是游戏一场,纯属娱乐。

为了娱乐,换来了夜以继日对体力的摧残、时间的损耗、作息的失衡、人际关系的疏远、休闲娱乐的匮乏、学习的停滞……

请孩子想想看:自己是否要付出如此的代价?

我想,聪明的玩家会知道答案。

问题十九

【教孩子设立目标】

上了网,还是很无聊?

孩子呆坐在电脑屏幕前已经好几个小时了。他揉搓着干涩的眼睛,伸了伸懒腰,猛打了好几个呵欠——累了,但是手仍然本能地握住鼠标,继续漫无目的地在网络上漫游着。虽然明天要考试,但那和他好像也没什么关系。

他在网络上干吗呢? 就无聊嘛! 有时候点击广告赚赚点数、赚赚外快,反正都是手指头在动,眼睛只是眯起来瞄一下,猛点就对了。有时,在线游戏的广告弹跳出来,有兴趣的就点进去看一下。孩子在整个上网过程中都处在一种犹如行尸走肉般的麻木状态中。

当然,有时点到色情广告时,会让他血脉偾张、心跳加速,点击链接的速度也越来越快,点进去之后,流连的时间也会久一点。荷尔蒙作祟嘛!

孩子都在网络上干什么呢? 下载手机铃声,猛拉软件清单,说真的,孩子也不知道要干什么。整个晚上,他手上的鼠标就任意点着,网页不断地翻着、跳着。

孩子这样没有目标地上网,就是消磨时间。撑得住就熬夜,真的困了倒头就睡,或隔天到学校补觉。

有时,孩子在脸书涂鸦墙上点点点、赞赞赞,也不管那些人自己认不认识,就无聊嘛! 有时则乱逛网站,每个网页的停留时间也都很短暂,反正脑袋空空,也没想什么。

孩子在网络上能够交谈的朋友没几个,现实生活中更少。回到家后不上网,也不知道要干什么。虽然眼前看似有许多待办事项,但他根本懒得做,也没有那个动力去想。许多事情就这样停摆。

真的没有目标吗？孩子也想过,或许这根本是一种逃避心态,不愿意面对现实,生活没有重心。

他整个人在茫茫网海中漫无目的地闲逛。如果想成是半夜走出家门,那他就好像站在十字路口,眼前红灯持续闪烁,路上没什么行人,偶尔只有几辆改装了消音器的跑车飞速驶过,它们也在刷存在感。

伫立在街头,他完全不知道该何去何从,不知道自己要做什么。

替代电子产品与网络需求的秘诀

🔍 秘诀076　让想法化为文字

🔍 秘诀077　细细切分到开胃

🔍 秘诀078　觉察网络漫游对身心的伤害

🔍 秘诀079　把消磨转为享受

🔑 秘诀076　让想法化为文字

写下来吧！让孩子把他想做的事、应该做的事,具体地写下来吧！不用多,一次先写三个。也不求顺序,就先来三个,写得越具体越好,包括时间、地点、人物、事件等。

写好之后,父母可以和孩子一起思考:哪个比较急？哪个最重要？把那件"又急又重要"的事情先挑出来。

每件事都有个开始,就像在网络上漫无目的地神游之前,也需要先开机一样。没错,就像开机这个动作:启动。眼前的这件事也需要启动。

孩子可能会告诉你:"我才懒得动呢！"没关系,鼓励他多给自己一点自信,别吝啬。

别忘了,当他动笔写下三件事情时,他就已经开始启动了。

秘诀077 细细切分到开胃

接下来,为了让孩子有继续坚持下去的动力,父母可以教他把眼前这件事情细细地"切分",直到"有胃口"。与其丢整条鱼让孩子吃,不如给他一块鱼肉细细切片,细细品味。这和吃披萨或蛋糕时需要切分成块后再慢慢享用是一样的道理。

教孩子把眼前的目标细细地切分,切到自己开始感觉有胃口,就是那种让人想要把鱼肉夹起来,放入口中的感觉。也就是说,会让他有那一丁点儿想要做一点事的感觉。

秘诀078 觉察网络漫游对身心的伤害

孩子对网络和电子产品上瘾是在提醒父母注意:当孩子沉溺在这些事物中,他的注意力也像被下了咒语,仅仅专注在眼前的虚拟世界里。

孩子沉迷于电子产品和网络所传达的另一个信息是:孩子不懂得如何生活、如何安排时间,他无法掌握生活重心,也无法分清身边事务的先后顺序。

网络神游的可怕,在于当孩子像幽灵一样在虚拟世界走了一遭后,除了耗费时间,更重要的是也让他的心力与意志力被消磨殆尽。日复一日的漫游,对身心的伤害是很大的。

有个最简单的证明方法。父母跟孩子聊聊,让他想想看:这些日子以来,眼睛是否容易干涩、视力是否模糊;身体是否容易疲劳;肩、颈、手肘和肌肉是否容易酸痛;自己是否容易失眠、胸闷、食欲不振。

请孩子诚实地回答:这样子,对他的身体有没有伤害?

这些只是生理的变化，至于心理的部分，可还没列出来呢！

🔑 秘诀079　把消磨转为享受

孩子没有目标？那就教他创造目标吧！慢慢地，他会发现自己开始把一些时间拨给目标了，相对地在网络上的时间也少了一点。

时间就那么多，把它拿来做A，分给B的时间当然就少了一些。

对青春期的孩子来说，消磨时间或许是过日子的一种方式。但这在已经有些年纪的父母的眼里，却是太奢侈了！但说真的，这不能怪孩子，不同年龄段的人对于时间的感受本来就不一样。现在向他预言："等你以后上了年纪，就知道时间的可贵。"这样的话只是倚老卖老，意义不大，也没成效。

但是，父母要和孩子一起思考，是否能够转换角度，把"消磨"变成"享受"，好好享受眼前的时间。

父母不妨这么跟他聊："既然你上了这么长时间的网，也不差这一时半刻。出门走走吧！外面寒冷的天气也许能带给你身体和心灵不一样的感受。"

这样的体验能让孩子暂时脱离毫无目的的网络漫游，关注自己的感受，同时也关注一下被他忽略已久的外部世界。鼓励孩子想想，同龄人除了上网、使用电子产品之外，他们都在做些什么。

人与人之间不需要比较，但多少可以当作参考。就像看电影一样，能够让我们多一些看待别人生命历程的经验，知道生命其实有许多不同的可能。

还有呢，在网络上漫游时，不如挑部电影看吧！

在漫无目的的同时，先设下一个目的，这就是一种改变。

问题二十

【色情网站的诱惑】

哪个青少年对性不好奇？

屏幕上，弹出一条"十八禁"的广告。阿彦深深地吸了一口气，再轻轻地、轻轻地吐出，犹豫了一下，最后还是点了进去。

寂静的深夜里，他可以清楚听见自己急促的呼吸声及隔壁床弟弟的鼾声。弟弟睡着了，当然不能吵醒他。阿彦把耳机塞进电脑的耳机孔，他渴望这些声音和刺激。

阿彦觉得自己的心脏像是要穿透衣服弹跳出来，他感到有些喘不过气。屏幕上，男女主角的尺度已经超出他能想象的极限。

阿彦很清楚，凡走过必留下痕迹，为了不让父母和弟弟发现自己半夜还在网络上，在离线、关机前，他一定会清除最近浏览的历史记录。这是十分必要的防范措施。

弟弟翻了个身。阿彦屏住呼吸，稍微侧头看了一下。为了确保影片里的声音不至于吵醒熟睡的弟弟，他再次检查了耳机孔是否塞得够紧。

阿彦在班上给人的印象是乖孩子一个，同学看到他的黑眼圈，往往误以为他真的很用功，一定是熬夜看书。不过班上也有些男同学会私下说他属熊猫，两个黑眼圈不断地向外晕开，一定是上"大夜班"看A片看到虚脱。

阿彦必须保持成绩稳定，这是他和父母的约定。只要他的成绩保持在前五名以内，父母就答应继续把电脑摆在他的房间里。

为了掩饰自己浏览色情网页的行为，阿彦常在父母面前非常认真地上网查数据,特别是知识性的数据,让父母看见他对于知识的渴求。他也刻意地不时向父母抛出一些疑问,当然,他很清楚他们不会知道答案,只会很尴尬地叫他自己上网去查。

这些都是他必须做的,至少做了这些后不会让父母起疑心,怀疑他在网络上乱看什么。

替代电子产品与网络需求的秘诀

🔑 秘诀080　对性的好奇很自然

🔑 秘诀081　把电脑搬离房间

🔑 秘诀082　善用时间管理服务

🔑 秘诀083　"色情守门员"登场

🔑 秘诀084　启动亲子间的促膝长谈

🔑 **秘诀080　对性的好奇很自然**

青春期孩子对性好奇很自然。当父母某天突然发现孩子流连色情网站,请提醒自己先不要反应过度,虽然你心里可能无法接受:天啊!这么乖巧的孩子怎么会变得如此龌龊!

等等,先别使用这个字眼。

每个人对于性都有不同的看法和经验,成长背景,甚至宗教信仰都会影响我们看待性的态度。

但是,让我们先回归到一件事上:在你的家庭里,"性"是不是很容易启齿、谈论的话题? 不谈,不表示孩子对于性没有需求。只是大人不想打开这个"潘多拉盒子"。

青春期孩子对于性的好奇,还是那句话:很自然,但过与不及都不好。

孩子到底能不能越界？这关系到孩子的成熟度、自律性，以及对于性的控制。当性的想象蠢蠢欲动，青春期的孩子是很难招架的。

秘诀081　把电脑搬离房间

把电脑搬离孩子的房间，放在公共区域，例如客厅吧！如此一来，多少可以减少孩子趁半夜上网浏览限制级网站或影片的诱因。

电脑真的没必要与孩子共枕眠。太隐私的空间很容易让孩子放下心防与界限，超越十八禁。毕竟当房门关起来、电灯熄下来，焦躁的心就容易蠢蠢欲动。

父母必须重新思考把电脑放在孩子房间的必要性。

孩子很可能会告诉你，放房间他上网找数据、写报告比较容易专心。那这样好了，如果是笔记本电脑，那很好移动；如果是台式电脑就睡前离场，把电脑桌搬到客厅吧！

什么？孩子嫌麻烦？那干脆把电脑摆外面得了。

秘诀082　善用时间管理服务

夜深人静时，孩子的心头往往容易因性而骚动。好吧！如果孩子仍然坚持要把电脑摆在房间里，父母应该很清楚地向他表明你的态度，上网时间要设限。

问问孩子："晚上十点以后你在做什么？"

"当然是睡觉啊！"

如果他给你这个答案，那就顺水推舟吧！既然晚上十点就睡觉，那么也让网络"休眠"一下。

直接让孩子知道，你使用了上网时间管理服务，例如从晚上十点至第二天上午七点，由电脑系统直接设定设备休眠。至于休眠时间或使用时段,你可以自行调整与决定,不用担心被孩子解除。

🔑 秘诀083 "色情守门员"登场

网络世界无限宽广,但网络内容却无奇不有,色情、暴力、恐怖、毒品、武器、赌博……这些不适合孩子的内容无所不在的确很骇人。

父母需要肩负起守护孩子的责任,特别是在你已经察觉到孩子着迷于色情网站时。这时,孩子已经不是误闯了,而是满心期待能"登堂入室"。那么,父母一定要想尽办法做好"色情守门员"的角色。

🔑 秘诀084 启动亲子间的促膝长谈

怕只怕道高一尺,魔高一丈。家中青春期孩子的电脑程序破解功力,可能远超出父母的预期与想象,加上如果他背后有"暗黑高人"技术指导,让他畅游在色情世界之中,这时,真的需要启动亲子之间的促膝长谈了。

首先,父母请接纳孩子现在的行为表现。没错,就是这阵子他半夜浏览色情网站的沉迷行为。

前面提到过,青春期孩子对性好奇是很自然的。为了避免尴尬,男孩子不妨让爸爸与孩子谈谈,女孩子则由妈妈与孩子聊聊。

父母不妨回想一下,那些年夜深人静时,对于性懵懵懂懂的你是选择哪一种方式来探索的。尤其是在还没有网络的年代,你是如何度过那段让你心跳加速、血脉偾张、充满疑惑又担心被撞见的青涩日子的。这些私密的事,你是否能坦然地与青春期的孩子促膝长谈。

我们都是如此走过的,差别在于你谈或不谈。父母请卸下你的面具与武装吧!在探索"性"的这条路上,其实我们和孩子都一样。

远离网络成瘾第4部

摆脱成瘾的痛苦困境

问题二十一

【直接没收或断线】

小心，这是亲子冲突的火药库！

孩子的父亲生气了，二话不说，使劲将电脑插头拔下。电脑屏幕瞬间变成一片漆黑。当然，孩子也火了，他将紧握在手的鼠标重重朝地上一摔，碎片撒落满地。

"你在干吗？"

"我才想问，你在干吗？"孩子不甘示弱地反驳。

父亲怒不可遏，"你现在是在跟谁讲话？"

孩子听到父亲的问话后双拳握得更紧了。母亲在一旁想打圆场，却焦虑地不知该如何开口。

"你怎么回事，整天窝在家里打游戏，像什么样？我警告你多少次了，不听，没关系，我就直接拔插头，看你停不停！"

孩子瞪眼怒视父亲，全身因为激动而颤抖着。

"好了！好了！有话好好讲，你们父子俩别再这么吵了！隔壁邻居在睡觉，别这么嚷了！"母亲压低略微颤抖的声音，试着想办法把现场的火药味吹散。但不开口还好，越说反而让孩子的父亲越生气。

"我在跟他吵？你有没有搞错！还不都是你，平时在家也不管，放任他整天耗在电脑上。我看这个家如果没有我这个父亲在，一切都乱了，都乱了。"

"我怎么没有管？你不在家这段期间，我也好说歹说叫他别再玩电脑、别再玩手机，但哪有用？"母亲有些委屈地喃喃自语着。看着父子俩僵持不下，她实在不知道该如何是好。

在演讲与咨询的场合,我经常会遇到家长带着类似的问题求助于我。

其实,每当父母采取"直接断线"措施,这时往往也意味着亲子关系已经走到相当生疏的地步了。这种生疏,会让父母觉得他们跟眼前的孩子距离非常遥远。

强行断线,这种行为包含了父母不为人知的苦闷、无奈,以及对孩子的不了解。

摆脱电子产品与网络成瘾的秘诀

🔑 秘诀085　强行关机的反作用力

🔑 秘诀086　父母无法置身事外

🔑 秘诀087　先让一局,寻求改变契机

🔑 秘诀088　孩子闭门不谈的隐忧

🔑 秘诀085　强行关机的反作用力

直接拔下电源插头或强行按下关机键(这些都属于极其危险的动作,请勿模仿)的行为,不但对电脑硬件是一种伤害,对亲子关系更是一种伤害。

当父母采取强行关机、断线的行为时,也意味着孩子因为不把父母的指令当一回事而激怒了父母。但是,或许孩子有千百个无法立即关机、离线的理由,只是他还没来得及说,例如信息还没打完、游戏还未结束。

当然,父母也有话要讲。一是孩子与你有约定,而现在时间已经到了。二是孩子未经过你的授权,偷偷摸摸使用。三是孩子当下该做的事未做,却仍然流连在手机或电玩游戏里。不关机,父母哪里咽得下这口气?

孩子或许有他的坚持,但父母也有自己的底线。

父母选择强行关机,不但需要勇气,也需要承担不可预知的反作用力。

如果无论如何都得关机,父母可以给孩子一个二选一的机会:他自己关机或者父母帮他关机。这样做至少给了孩子一个预告,让他有心理准备。

秘诀086　父母无法置身事外

父母也请在事后想想:电脑是谁买的? 网络是谁申请的? 网络费用是谁付的?

父母心里的委屈,我可以理解,然而残酷的是造成这一切的原因,父母却无法置身事外。

后果尝起来很苦,父母也有很多抱怨,但孩子沉迷于网络至此,父母不仅需要承认与接受,同时,也要先从改变亲子互动的方式做起。

秘诀087　先让一局,寻求改变契机

"如果不直接没收或断线,我该怎么办?"对于这个问题,应该有很多父母想知道答案。

我的建议是,这次就先让一步吧!

但我隐约听到了父母心里的独白:"心理师,这样不就是向孩子妥协投降了吗?"

这当然不是投降。

父母可以想想,如果孩子已经陷入难以自拔或不理会你的指令的状态,也意味着他已陷入循环里,除非他累了、倦了,不然他是很难下线的。

所以父母在这个时候很难像切换开关般,按下ON或OFF来直接阻止孩子上网的行为。这一局,先让他自己结束吧! 特别是对于叛逆的

青春期孩子，真的不适合跟他们来硬的。

🔑 秘诀088　孩子闭门不谈的隐忧

父母可以选个良辰吉日，比如在下一场网络游戏开战前，好好和孩子谈一谈你们彼此对在线游戏的看法。不过，这里可能有一个更尴尬的问题：孩子根本不想跟你谈。

当局势发展到如此的地步，就先把网络放一边吧！眼下，父母和孩子更需要的是好好检视彼此间的亲子关系。尤其是对家有青春期孩子的父母来说，这一路走来，父母和孩子彼此是否好好地沟通和交流过（在此暂时不考虑你对孩子的要求）？

以下几件事情，请父母想一想：

● 孩子到底在玩什么游戏？

● 不玩在线游戏，孩子会做什么？你期待他做什么？

● 游戏对于孩子的吸引力到底在哪里？

● 孩子在游戏中能够获得成就感与被他人肯定的满足感，那在现实生活中呢？

● 孩子在游戏中能够有归属感、被接纳感，那在校园生活中呢？

对上述问题进行了解可以让父母有机会了解孩子的生活状态。

假如父母搞不清楚孩子在网络上究竟在做什么、他到底在关注什么，这时贸然要求他离线，甚至将网络断线，难度真的很大。

所以，直接拔电源线、关机这种事就先别做了。与孩子硬碰硬，展现为人父、为人母的坚持，这时也先免了。

先了解你的孩子吧！青春期的孩子总是令人难以捉摸的。或许，父母可以先自我检视一下：我对自己的孩子熟悉吗？无论是网络上的他，还是现实生活中的他，我够了解吗？

父母对孩子的印象，可别蒙上一层纱。

问题二十二

【避免标签化,提升自我觉察力】

孩子否认网络成瘾?

孩子很不喜欢被贴上标签,青春期的孩子更是敏感:"网络嘛,玩就玩,什么成瘾不成瘾?"孩子往往露出冷冷的眼神,对于大人的顾虑不以为然。

我曾经问过一个来心理治疗所咨询的孩子:"如果以后在路上遇见我,你会不会跟我打招呼?"

当时,他斩钉截铁地回应:"不会!"

我又问:"那如果我是牙医呢?"

孩子爽快地回答:"会!"

在我们的社会里,一般人对于接受心理咨询服务这件事,还是存在着排斥心理的,孩子也不例外。当然,大人怎么想,孩子就怎么看。

我在小学进行校园服务时,曾经遇到过一位怒气冲冲的父亲跑到学校找老师理论,理由是为什么在没有家长同意的情况下,竟然要孩子中午到心理辅导室吃饭。没错,就"只是"把营养午餐带到心理辅导室,和辅导老师一边用餐一边聊天。

当然,这里的"只是"也反映了我个人对这件事情的看法:不就是和辅导老师在辅导室用餐吗?

但这对于家长来说,可是非同小可,于是忍不住来到学校质问老师:你们到底把我的孩子看成什么人了?

关于心理辅导室,每个人的解读与感受都不同。

别说孩子,许多时候连我们大人都对一些有关心理咨询和辅导的字眼很敏感，例如："辅导室""心理师""精神科""身心疾病""精神科医生""辅导""心理咨询""心理治疗"等。人们生怕与这些字眼牵扯在一起，破坏了别人对自己的印象。

试想，看到下面医院里的科室名称，你会选择哪一科就诊：儿童心理科vs.儿童精神科，身心科vs.精神科。

其实无论你选择哪一科，在门诊和你面对面的都是精神科医生。

你可能会说："不管哪一科，我都不想看！"孩子也是如此。

这种情况在校园里也一样。

在对青春期孩子的服务中，我经常会遇到许多非自愿被推荐来辅导、咨询或治疗的孩子，而他们的反应往往是：

"我为什么要接受心理辅导？拜托，如果被通知去教务处，或许还有什么奖学金可以领。如果被通知去学务处，顶多因为行为不良记个警告，累计小过。为什么通知我来心理辅导室？是认为我有病，要去看医生吗？"

如果再把"网络成瘾"这个标签贴在孩子身上，孩子当然会选择否认，不愿面对。

上述顾虑和感受都很真实，也很自然。而如何让孩子了解，同时愿意自我觉察对网络的沉迷，进而有所改变，这是我一直在努力做的事。

摆脱电子产品与网络成瘾的秘诀

🔍 秘诀089　"非自愿性"咨询的青少年

🔍 秘诀090　别急着贴上成瘾标签

🔍 秘诀091　戒断反应的自我觉察

🔑 秘诀089 "非自愿性"咨询的青少年

打来心理治疗所的电话中,电话一端的父母总是很焦急地诉说着孩子的问题,并询问心理治疗所的细节。可以听得出来,他们迫不及待地想赶快解决孩子的问题。

如果是小学或学龄前阶段的孩子,情况比较简单的,父母还能带着孩子来到心理治疗所。但是对于家有初中生、高中生的父母,常常是父母很想来,但孩子不愿意出门。

孩子不认为自己有问题,自己不过是打打游戏、上上网而已。

有时,青春期孩子还会这样呛父母:"要找心理师接受什么心理咨询或心理治疗,很抱歉,你们自己去。是你们有问题,而不是我有问题。"单单这样的态度,就让父母不知道该如何是好。

这时,我往往会先请父母陪孩子浏览心理治疗所的网站,看看心理治疗所的照片。借由照片传达出的温馨,打破一般人对医疗机构的刻板印象,让孩子先解除心理上的防线。

青春期的孩子,在面对心理辅导、咨询与治疗的协助时,很容易出现抗拒反应,毕竟他们很在乎别人对自己的看法,特别是同伴对他们的看法。

父母请先别急着对孩子说:"你有问题。"对任何孩子而言,这都是生命中不能承受之"重"。

🔑 秘诀090 别急着贴上成瘾标签

"上网、看手机,班上哪个同学不是这样?大惊小怪。我哪是什么网络成瘾?不过是上网玩游戏而已,想太多了吧?没那么夸张啦!"

"否认"是一种心理防卫机制,让当事人眼不见为净,感觉比较舒。

非自愿接受心理咨询或治疗的孩子,往往会抗拒接受心理医师的协助。许多网络沉迷或成瘾的孩子,也常常闭着眼高举"否认"的大旗,不愿承认有这回事,让父母感到不知所措。

网络沉迷、成瘾的孩子,常常不愿意开口说话,更不会进一步自我觉察或思考。即使旁人看来,上网行为已经给他们带来了灾难性的后果,但他们仍看似很淡定,一路否认到底。

否认,其实是孩子为了让自己好过,至少心理上感到好过一些。或许父母认为孩子是自欺欺人,状况都已经这么糟糕了,还不愿意去面对,但是事实上,这却是一种自我保护的心理作用。

否认,让孩子觉得自己仍然有生存的价值;但是否认,也让问题迟迟得不到解决。

父母不妨慢慢地引导孩子去看到这些"不同"——在他长期使用网络之后,生活、学习、情绪与人际上的"不同"。

其实有些孩子心里明白:"我知道常挂在网上不好,但我现在如同粘在蜘蛛网上的虫子一样,根本逃不脱。"网络就像一张大大的蜘蛛网,让陷入其中的孩子无法逃脱。

面对孩子的否认,父母在给予协助时,请尊重孩子的自尊心、价值观。先别急着给孩子贴上"网络成瘾"的标签,否则很容易适得其反,也对改善孩子使用电子产品、上网的行为无济于事,甚至,很可能引发亲子冲突。

但是,父母必须很认真地思考与留意:手机、平板电脑、台式电脑、电视、游戏机等电子产品和网络,孩子是否使用过度了?

🔑 秘诀091　戒断反应的自我觉察

孩子与电子产品、网络的关系有多么难分难舍？让我们试着来进行一项觉察体验:手机不在自己的视线之内,手机没电了,网络断线了,电脑关机了,平板电脑被收在抽屉里了……先让一切电子产品都归于沉寂。

此时,让孩子试着去感受那种想吃又吃不到,看似远在天边,但又近在眼前的诱惑。

可以引导孩子自我检测与觉察,自己当下及接下来的情绪反应,例如:焦虑、不安、烦躁、易怒、沮丧、情绪低落、挫败感,或混淆掺杂的负面情绪。

自我觉察,是孩子预防自己不知不觉沉迷于电子产品或网络的一门功课。自我觉察什么? 自我觉察包括觉察自己的想法和自己的感觉。

引导孩子想想:"没有网络的日子像什么?"可以天马行空地任意想象,不预设立场,不预设框架,想到什么就把它写下来。

例如:像全身爬满了蚂蚁,浑身不自在;像家徒四壁,倾家荡产,前途迷茫;像没有了魂魄的幽灵,随风飘荡……

问题二十三

【父母必须关注的戒断反应】
孩子没网上就痛苦难耐？

阿树在客厅里来回踱着步，时而紧握双拳，表情狰狞，眉头深锁着，口中不时发出嘶吼声；时而使劲拉扯着皱巴巴的衬衫衣角，"啊……啊……"地大声咆哮；时而用头撞墙，或用脚猛踹房门，疯狂地拧动着门锁。

这副景象吓坏了一旁的母亲，她心想："怎么会这样？怎么会这样？阿树这孩子怎么像发疯似的？"

"打开门，给我打开门！我要玩，我要上网，给我打开门！"阿树对着房门吼叫。

母亲不知所措地低头看着紧握钥匙的手。"给？不给？给？不给？"心里纠结着。"不行，不行，我已经答应孩子的父亲了，这次一定要坚持，绝对不能再妥协。"母亲喃喃自语。

眼前的阿树让母亲感到相当陌生，甚至害怕。儿子像变成了另一个人似的。看到他歇斯底里的痛苦模样，母亲感到于心不忍，心里浮现出一个声音："不然就这么一次，一次就好。"

阿树又开始拉扯头发，伸出手往脸上狂抓，留下一道道血痕。

"阿树，你冷静一点，别这样，你别这样，你吓坏妈妈啦！"

这时，母亲手上的钥匙不小心掉在地上，发出一声脆响。阿树突然眼神锐利地扫向声音的方向，紧接着迅速地扑向钥匙，像老鹰捕获猎物般把它捡了起来。他的手不停颤抖着，钥匙迟迟无法顺利插进锁孔里。母亲看在眼里，真的难过极了。

"怎么会这样？怎么会这样？阿树怎么会变成这样？"

你的孩子被手机和iPad绑架了吗？

母亲无法相信，不过是限制儿子上网，他怎么像吸毒似的这么痛苦难耐！

一方面因为心疼，她原本和丈夫约定好的坚持一下子就破功了。另一方面，反反复复地锁门、开门、锁门、开门，坚持、妥协、坚持、妥协，也让她感到累了，觉得好无力。

"真的不能给吗？就满足他一下嘛！会怎样？不要让阿树这么痛苦嘛！"母亲的心理防线越来越松动。

房门终于开了。阿树迫不及待地冲到电脑前，按下开机键，屏幕启动了。

阿树笑了，而母亲哭了。

摆脱电子产品与网络成瘾的秘诀

- 秘诀092　多观察孩子情绪的细微变化
- 秘诀093　渐进性地停止上网
- 秘诀094　同理孩子难熬的戒断感受
- 秘诀095　孩子需要父母的陪伴

秘诀092　多观察孩子情绪的细微变化

或许大部分孩子的反应不至于像例子里的阿树那么强烈，但是当电子产品被抽离、网络被断线时，孩子的确会不舒服。

如果阿树是网络沉迷、成瘾的极端，那你的孩子呢？离阿树的状况有多远？

父母请千万别眼睁睁地看着孩子对网络着迷，却没有任何作为，直到他像阿树一样坠入深渊，那时就错过了处理的黄金时间。

越到像阿树那样的程度，处理起来越是棘手，代价越高，成效也越小,但孩子仍需要我们拉一把。

悬崖在前,如何避免孩子继续往前走? 这就要看父母能否敏锐地察觉到孩子情绪的细微变化,例如当暂停上网一段时间后,孩子会否出现无聊、焦虑的反应。同时父母也要注意,孩子是否想尽办法要碰到电脑,或刻意隐瞒使用网络的事实。

🔑 秘诀093 渐进性地停止上网

有些孩子在面对网络瘫痪、停电、电脑故障或被要求离线时,容易出现前面所描述的戒断反应。当孩子与网络的关系发展到如此地步时,父母无奈和伤心很自然,但仍需坦然面对。

这种情况下,孩子需要控制接触网络的时间,与网络拉开一定的距离。但时间该如何控制? 父母可以仔细观察孩子戒断反应的强度,来制定收放的准则。

渐进性地停止上网是一个大方向。可以先将孩子暂停上网的时间设定得短一些,如果孩子能够顺利熬过这段时间,再逐渐将暂停时间拉长。

🔑 秘诀094 同理孩子难熬的戒断感受

戒断反应,往往会给孩子带来极端的身心不适,让他们经历痛苦和煎熬。孩子可能因此食不下咽、失眠、心浮气躁、坐立不安、漫无目的地走动、不时抓弄头发、拨弄双手或咬牙切齿等。

戒断反应很煎熬,请父母试着站在孩子的立场去感同身受。

孩子一路走到这里,这是他需要承担的代价与后果,但父母千万别如此批评、指责他:"活该,以前告诉过你不要上网,谁教你不听?"这些话不仅于事无补,而且容易产生反作用,让孩子在脱离成瘾之路上选择放弃,同时拉大亲子之间的距离。

当然,感同身受容易说,不容易做,那就请父母试着想一想:如果你曾经是抽烟的人,想想你当年戒烟时的艰难,那种想挣脱却历经波折的过程,那些烦躁、焦虑、不安、情绪低落的感受。

这也像减肥的人或糖尿病患者经历过的,面对美食当前的诱惑,看得到却吃不到的痛苦与煎熬。

当父母有了这种似曾相识的感受,你就与孩子更贴近了。

🔑 秘诀095　孩子需要父母的陪伴

每个孩子沉迷于网络的程度不尽相同,但是当他们需要调整与改变网络使用习惯时,同样都需要很大的勇气、毅力及决心。

当然,父母的同理、支持与陪伴更是重要,因为这决定了孩子在摆脱网络成瘾这段路上,能否坚持走下去。

这段路很辛苦,孩子需要父母的陪伴。

有时,他只要父母静静地在一旁陪他。

有时,他可能期待父母的了解与谅解。

有时,他需要父母的鼓励与肯定。

有时,他需要父母帮他解惑:为什么脱离网络成瘾的路这么难走?

问题二十四

【父母必须了解的耐受性】
孩子需要玩多久，才能满足？

下面的场景可能是许多父母的梦魇：当父母深夜从梦中醒来，昏昏欲睡地离开温暖的被窝，推开房门往客厅走，却瞧见孩子房里的灯还亮着。

父母轻轻地敲门问："孩子，你睡了吗？"按照以往的经验，孩子不会有任何响应。

没多久，灯熄灭了，父母满心疑惑地走回房间，心想："这孩子到底在干什么？"

当然，没多久，孩子房间的那盏灯又悄悄地亮起……

而此时，房间里的唯德已经在电脑前耗了四个多小时了。虽然他很清楚，不能再这样蹉跎下去，但心里总是感觉有一个空洞，把自己的渴望不断地诱发出来。

"就是想要。"他心中有一个很强劲的声音不断呐喊着，"就是想要。"

唯德知道父母也是有底线的。三个小时的上网时间已经是父母能够同意和妥协的极限了。但是，他总是有那种没吃饱的感觉。

唯德依稀记得，刚开始玩《绝对武力Online》游戏时，经过父母的同意，一个小时的游戏时间就让他心满意足。父母知道游戏的主程序免费，但其中的武器和道具部分都要付费取得时，也很够意思地补贴了一些。

但随着经验值及等级的不断提升，原本父母答应的时间早就无法满足他了。唯德知道自己的胃口逐渐大开，以前一个小时的满足感，后来可能需要延长到一个半小时才能达到。

这就像个时间的黑洞,没完没了。他内心蠢蠢欲动,难以按捺。

夜越来越深了,唯德仍然守在电脑屏幕前,继续他未竟的作战任务……

摆脱电子产品与网络成瘾的秘诀

🔑 秘诀096　定时定额的坚持

🔑 秘诀097　破解需求的密码

🔑 秘诀098　逐渐收回时间

🔑 秘诀099　替代事物登场

🔑 秘诀100　严选探索活动

🔑 **秘诀096　定时定额的坚持**

定时定额,这对于孩子使用网络是一项非常必要的要求和措施。对使用时间加以严格管控,针对每次的使用时间明确地进行设定及执行,这样可以有效预防孩子网络沉迷、成瘾。

无论如何,请父母务必守住孩子使用网络的合理时间。孩子当然希望玩的时间越长越好,但千万别因为父母的妥协,让他对网络的使用形成"耐受性",这样下去就不仅仅是时间管理的问题了。

耐受性,是一种很容易在成瘾的人身上发现的特质。例如,以前上网玩一个小时可以满足,但现在如果要达到相同的满足感,却要多出许多的时间才行。也就是说,饥渴的感觉,不断地让孩子向父母索求更长的时间,一个小时、一个半小时、两个小时、三个小时……最后完全打破了彼此的约定,长时间把生命"耗"在网络上。

这就是误用电子产品、网络的可怕之处。

🗝 秘诀097 破解需求的密码

孩子流连于网络游戏的时间越来越长，这一点其实父母早已察觉。怎么办？让我们先回到一个问题上：孩子有什么需求需要被满足？

父母可能有微词："他不说，我哪知道他有哪门子的需求。"

这么想是无济于事的。这一道考题，父母必须先破解，才有办法找回孩子在网络上耗费的时间。

让我们先沉淀一下，试着梳理清楚：网络游戏到底满足了孩子什么需求？这是在这本书里，我不断强调的一件事。

比如，若孩子向父母索求更长的玩游戏的时间，他的需求是什么？或许就连沉迷于其中的孩子自己也不清楚，而且，每个孩子的需求不尽相同。

此时，父母需要先确认孩子想要满足的需求，但别只锁定在电子产品和网络的声光刺激的满足上，虽然这或许也是原因之一。

面对孩子沉迷于网络的现实，父母往往会不假思索地责怪孩子"就是爱玩"。从表面上看似乎如此，但请再继续了解一下，因为沉迷之路不会如此简单。

🗝 秘诀098 逐渐收回时间

父母意识到孩子在电脑屏幕前所花的时间与以前相比越来越长了。时间被孩子消耗在这里，同时也意味着其他待办事项或父母认为的"正经事"，被他搁置了，或者正确地说，是无限期地被搁置。

父母都急着想要"砍掉"孩子使用网络的时间，甚至非理性地想要把"整段时间"都抽走。但这样真的很难。

请父母提醒自己，贪心不得。

一开始，父母只能期待孩子把一小部分上网时间还回来。父母可别想一下就鲸吞时间，要孩子立刻停止上网，回归到父母认为孩子"该做"的事情上，这概率真的与彗星撞地球有得比。

父母需要给孩子一些时间，让他慢慢适应这种变化和过渡，并应该主动帮助孩子寻找其他可以替代电子产品和网络的事物或事情来满足他的需求。这么做可以淡化孩子对于网络游戏的依赖，避免孩子的时间被网络游戏独占。

🔑 秘诀099 替代事物登场

若希望孩子不再受制于网络游戏，那父母就得帮孩子找出另一个孩子可以寄托的替代物。如果网络游戏被父母视为"妖魔鬼怪"，那么父母就得请出另一尊"神明"。这尊"神明"当然就是可以代替网络游戏让孩子得到相似的满足感的事物，至少要能提供类似的满足感。

例如，孩子的需求在于想要有人愿意听他说话，这一需求要在网络上被满足，相对比较容易。那么在日常生活及校园里，孩子身边是否有这样的替代人选？搜索一下，哦，修正一下，把合适的人选找出来。

在现实中，如果有人愿意和孩子面对面聊天，多少可以满足他情感上的需求，也能减少他在网络上花费的时间。

很难找吗？千万别这么快就放弃，否则孩子会告诉你，他还是回到网络上好了，父母就别再自寻烦恼了。从班上的几十个同学中，先找出两三个人吧！关于这一点，父母可以找老师或辅导员协助。

🔑 秘诀100 严选探索活动

如果孩子的耐受性在于他需要花更多时间，在不同的游戏对战中，歼灭更多有挑战的敌人获得胜利，以此才能满足他对成功和挑战的需求，这时，父母可以遴选相关具有挑战性的探索活动来代替网络上的游戏。

动脑想想，对青少年来说，具有自我突破性的刺激活动有哪些。

攀岩、溯溪、登山，这样的难度总可以吧？绳索垂降(单索、双索、三索)，越野车、自行车、独轮车，潜水、跳水、独木舟等，这些探索课程都很适合。

要让沉迷于网络的孩子跨出摆脱网络的第一步，的确有困难。但是，当青春期孩子有机会接触以上那些活动，他将有机会发现许多挑战的实现需要真功夫，而非仅在电脑屏幕前敲敲键盘、动动游戏杆或鼠标而已。

演讲时，我常常让现场听众仔细观察我，然后让他们猜猜看：学生时代我是什么社团的社长。答案不外乎辩论社、话剧社或舞蹈社。哦！不，我可是登山社的！没错，正是登山社社长。

好汉不提当年勇，但是如果偶有当年勇，多多少少还可以提一下。至少，那些年少时代的登山经验，培养了我对大自然的喜好与亲近。

父母帮青春期孩子严选一些活动吧！

如果父母愿意陪孩子一起去寻找替代活动，让孩子有机会探索，将可能松动他对网络刺激的需求。

孩子要的满足感，不会因为被父母强硬地将其带离网络后就自动消失。要满足需求，也不是拿个软木塞硬把整瓶香槟封起来就好。孩子是需要出口的，至少要有别的事物可替代。

问题二十五

【维持规律的生活节奏】

电子产品让孩子的作息好混乱?

房间里一片漆黑,阿智抱着棉被转身,拿起手机看了看时间:深夜两点。虽然夜里的低温冷得让人直打哆嗦,但是他心里的那股欲望,却让他整个身子热了起来。悄悄地,他先将耳机插入电脑耳机孔中,轻轻地按了开机键,一切无声无息。

深夜里,马路上没什么人烟,但在网络上可是人声鼎沸、热闹非凡。这么晚了,不会困吗? 阿智表示,瞌睡虫早就被唤醒,不知去向。在电脑屏幕前,他的精神可是好得没话说。每天,他都在等待着这一刻。深夜两点,当一墙之隔的父母都进入梦乡,正是他在虚拟世界大展身手的时刻。

当身处在虚拟世界里,时间是不存在的。

但终究天会亮,父母会醒。身体和大脑长时间紧绷着,在光线透过窗帘照进房间的那一刹那,阿智的眼皮也开始沉重起来,他累了、倦了、想睡了。虽然,其他人慢慢都醒了。

他没想那么多,或者说,他真的是累坏了,什么也没法想。天亮后便切换至睡眠模式,这成了阿智这段时间的固定模式。

"阿智,起床啦,该上学了。"

母亲一开始总是先轻声细语叫他起床,但是当一次又一次无法叫醒、摇醒眼前他疲惫的身躯,被时间给逼急的母亲,叫他起床的音量与火气顿时也暴增起来。

"阿智,你给我起床,听到了没? 我再警告你一次,再不起床,上学迟到你就自己负责!"

负责?说真的,阿智整个人已累到不省人事,哪听得进去母亲的警告。

依照校规,无正当理由而经常迟到,屡劝无效者要被记警告。阿智当然无法每次都幸运地找到正当理由,所以,一个学期下来,他因缺席而累计起来的警告次数已达到两次。

只是这些来自教务处的警告,就如同每天母亲无停歇的警告一样,对于阿智来说都起不了作用。

有一部分父母开始正视孩子对电子产品的过度使用问题,就是因为收到学校一波波寄出的关于孩子无故迟到、缺席旷课的通知。

孩子该上学却不上学,还赖在床上,窝在家里,这怎么得了?

初中生、高中生因为过度使用电子产品而造成生活作息混乱的情况,在心理咨询实务中非常常见,而这个问题也绝非是短时间内形成的。等到生活作息一团混乱时再情急寻求协助,那问题的处理难度就会更高。河道的土石堆积绝非是一两天形成的,当土石淤积,河床被垫高,在狂风暴雨的季节,河流溃堤的风险当然更高。

面对孩子生活作息的混乱,父母该怎么办?

摆脱电子产品与网络成瘾的秘诀

✎ 秘诀101　孩子,你的本钱够不够?

✎ 秘诀102　取消"电子产品宵夜"

✎ 秘诀103　规律的睡前活动

✎ 秘诀104　挥别无效的警告

✎ 秘诀105　赋予晨间任务

✎ 秘诀106　让电子产品往假日疏散

秘诀101　孩子,你的本钱够不够?

面对这种因贪玩电子产品而作息混乱的青春期孩子,我会提醒他:"你有本钱晚睡,就要有本钱早起。"没错,既然青少年常常强调自己精力无限,那我们就让他检视自己,有没有这个"本钱"。

晚起,先别谈借口,当然孩子也不敢明目张胆地跟你说,他自己昨晚熬夜在玩电子产品。

一句话:你的本钱够不够?

孩子真得摸摸口袋,敲敲脑袋,看看自己有没有熬夜的本钱。如果熬夜容易,起床难,很抱歉,本钱根本不够。

既然资金不足,条件不够,那就请孩子安分地早一点睡。

秘诀102　取消"电子产品宵夜"

然而,问题关键也在这里。孩子心里或许也知道该早睡,但假如对电子产品的封锁线没封好,想归想,受不了诱惑的孩子又会把电子产品当"宵夜",从而导致自己因"消化不良"而继续晚睡,进而早起也成了一种奢求。

如果孩子没有办法自律,在宵夜时间总是"饥肠辘辘",渴望的心总是惦记着电子产品,那父母就把"电子产品宵夜"取消吧!

取消电子产品,别让它与孩子共眠。无论手机、平板电脑或台式电脑,都请做好睡前"疏散"。若孩子举牌抗议,就请他再审视一下自己:你的本钱够不够?

秘诀103　规律的睡前活动

父母都希望孩子的生活作息规律。然而,每天一大早父母往往唉声叹气,烦恼孩子怎么都叫不醒。与其一直因起床的时间而困扰,倒不如把时间往前推,调整孩子的入睡时间。

要让孩子能够好好入睡,父母或许可以思考一下睡前活动的安排。关于这一点,每个人不尽相同。有些人睡前洗个澡好入眠,有些人则喜欢睡前聆听音乐,有些人喜欢睡前翻阅厚厚的小说,有些人则是睡前做俯卧撑、仰卧起坐或夜间散步好入眠。

一起与孩子头脑风暴吧!列出适合他的睡前活动。

但有一件事可以确定,睡前若长时间守在电子产品前,那些刺激大都会让孩子失眠。

🔑 秘诀104　挥别无效的警告

有的孩子因为迟到、旷课而被教务处记警告,但说实在的,效果不太好。对某些孩子来说,这只是一种形式,无伤大雅,不去在意也无所谓。

如果警告能发挥作用,其实只要警告过一两次,孩子下回睡过头就会紧张地跳起来。但对于使用电子产品而生活作息出问题的孩子来说,睡过头,顶多翻个身,棉被盖过头,继续呼呼大睡。

警告无效,小过无感,大过再说。

当生活作息出了问题,孩子却没有尝到后果,当然就会继续混乱下去。

父母可能会说:"等等,难道记警告不算后果?"这只对在意的人有效,但是对不在乎的人来说,很抱歉,是无效的。

请父母回头想想,你的孩子在意什么?如果你和孩子之间曾经有约定:一旦被记警告达到什么程度,电子产品使用就会受限,这样,或许孩子会更在意。

秘诀105　赋予晨间任务

我常常会跟父母分享一个观点:"孩子喜欢被称赞,大人也一样。"不然,我们每天都在看微信朋友圈被点了几个赞,是在干什么呢?

为孩子制造被称赞、被肯定的机会,而这个时间点,就可以选在上学日的早晨。像打排球一样,帮孩子做球,让他扣杀。交给孩子一件早晨到校后需要完成的任务,让他承担一些责任,让他被别人看见和需要。责任有时会带来一些压力,而适度的压力则有助于让孩子充满活力与元气。

在一次初中的校园服务中,我遇到一件有意思的事。有个孩子经常迟到、旷课,但是校长做了一件非常漂亮的事,协助这个孩子调回了作息。在一次学校晨会时间,校长公开分配给这个孩子一项任务,就是协助学校劝导一些有辍学想法的同学,让他们可以准时依规定到校。

校长的这个任务给这个总是迟到、旷课的孩子传达了一个信息:孩子,我相信你一定可以做得到。孩子感受到自己被赋予重任,被公开肯定了。于是他开始早起到学校,巡视那些有辍学想法的同学来了没,不知不觉中,自己的作息就被调整过来而变得规律了。

秘诀106　让电子产品往假日疏散

把电子产品往假日疏散,既可以让孩子在学校期间不受干扰,保证正常作息,同时,也是让孩子学习自律和情绪管理的好机会。

即使在假日,也让孩子能够保持与电子产品之间的安全距离,避免孩子与电子产品和网络太过亲密,减少过度依恋。

不过,孩子对喜爱的事物有期待很自然,但如果孩子成天都在企盼周末赶快到来,被这份期待占满了心思,让他废寝忘食或心不在焉,这就不是好事了。

如果出现这样的倾向，那我建议父母适当延长孩子使用电子产品的时间间距，例如从原先的一周调整为两周，甚至三周或一个月。

当然，谁说假日一定要玩电子产品？如果孩子对于其他事物感兴趣，无论是阅读、骑车、打球、桌游、出门踏青或远足，这些当然也都很好。

宁可让孩子与电子产品若即若离，也别让孩子与电子产品形影不离。

远离网络成瘾第 5 部

破解成瘾的共伴效应

问题二十六
【多动症儿童对电子产品难以抗拒】
自我控制能力的掌握与拿捏

多动症儿童爱尝鲜，对于新奇、富有变化的事物尤其感兴趣，总是能在第一时间知道现在流行什么。

多动症儿童爱玩电子产品，无论是手机、平板电脑、台式电脑或游戏机，都能迅速上手，论升级、谈功力、比手感，多动症儿童大都会略胜一筹。

在心理咨询实务工作中，我发现要与多动症儿童进行咨询会谈，不但费心思，也很困难。因为临床上被诊断为注意缺陷多动障碍的这些孩子，其大脑中负责专注、计划、组织、思考、执行、控制等复杂功能的前额叶区域存在异常，导致这些孩子在上述各方面表现不佳。

多动症儿童在需要抽象思考和自我觉察的能力方面相对较弱，也不耐烦回应相关问题。用白话来说，就是"不爱想""懒得想"和"很难想"。

但是，当话题转到电子产品的领域，你会发现就像有人在他眼前轻弹了一下手指，让他的神回了过来。他的眼睛明亮闪烁，话匣子打开了，甚至很有系统地跟你聊起来。

这样的例子，我就曾经遇到过一个。一个在学习上像木炭泡水般烧不起来的孩子，成绩低落、缺乏学习动机，但是当你请他比较《CS》和《SF》这两款战争射击游戏时，他却能够非常"专业"地分析、评判两者的优势和劣势、共同点与差异处。

但多动症儿童对电子产品爱不释手，却是令许多父母感到很头疼的事。电子产品的诱惑无所不在,父母成天担忧自己控制力差的孩子会不会就此沉迷、成瘾,进而一蹶不振。

电子产品在眼前却能面不改色、不受诱惑的多动症儿童真的稀有。说真的,连一般孩子都难以抗拒,更何况是在生理上自我控制能力处于下风的多动症儿童。

多动症儿童爱电子产品怎么办? 让我们一一来破解。

破解电子产品与网络成瘾共伴效应的秘诀

🔑 秘诀107　立即回馈的需求

🔑 秘诀108　让孩子具体列出使用目的

🔑 秘诀109　攻击、暴力、色情止步

🔑 秘诀110　将电子产品放最后

🔑 秘诀111　时间到就马上停,干净利落

🔑 秘诀112　孩子玩电子产品,父母要陪伴在旁

🔑 **秘诀107　立即回馈的愉悦需求**

电子产品令多动症儿童着迷,不是没有原因的。

多动症儿童在生理上,有着一种需要立即得到回馈的需求,而这一点是许多在线游戏、社交软件等可以提供的。

眼看着分数不断改变、点赞数不断增加,或网友实时的响应,甚至信息提醒无间断的叮叮咚咚的声音,这些对于多动症儿童来说,都是一种生理上的愉快享受,其多巴胺数值随之上升,愉悦感与欣喜感满溢。

当你了解了这一点之后,对于看待多动症儿童喜欢电子产品这件事或许就能够多一些理解,而不会只是批评、埋怨:"为什么这孩子总说

不听？"

演讲中，我常常会提示父母，如果对多动症儿童用说的有用，那多动症就不会是一种疾病，父母也不需要担心了。

秘诀108　让孩子具体列出使用目的

多动症儿童不爱思考，不想思考，有时也难以思考。如果你曾经和多动症儿童相处过，你会发现他们常常是一问三不知：不知道，不知道，还是不知道。

但是，就是因为他常常不知道，所以我们更要问他："使用电子产品的目的是什么？"

没错，就是要让孩子好好地告诉你"目的是什么"，讲得越清楚越好，能够具体列明写下来更棒。

但是，思考与写字都是多动症儿童的弱项，所以他可能会抱怨："拜托，玩就玩，还要写下来，很累呀！"

那很简单，不要玩了。

我的立场与原则是，电子产品如果作为一种娱乐方式，而孩子连思考自己的使用目的并写下来都嫌累，那么这些电子产品便不应该再出现。

不是我故意想吊孩子胃口。毕竟电子产品口味很重，如果吃多了，像思考及书写这些原本就让多动症儿童感到枯燥无味的营养品，他将会觉得更乏味。基于身心的营养均衡考虑，还是得让他想，让他写。

秘诀109　攻击、暴力、色情止步

在线游戏的类型五花八门，例如：角色扮演型、格斗型、体育竞技型、音乐舞蹈型、射击型、战略型、竞速型、益智型等。

父母请特别留意多动症儿童倾向于玩哪些类型的游戏，这牵涉到

孩子自律能力的养成。

多动症儿童让人头痛的一点就是自律问题。失控,往往是他们被带到心理治疗所寻求帮助的主要原因。

我在与多动症儿童相处的实践中发现,对于已经陷入格斗、攻击、射击、竞技或大型角色扮演型游戏的孩子来说,当你拿出平板电脑,开启益智型、解谜型的游戏时,要先有心理准备,多数多动症儿童都会唉声叹气,摇头晃脑地跟你说:"无聊!""我不想玩!""我不会玩!"

其实孩子话中有话,他就是想要重口味。但是像声光刺激、大炮轰鸣、枪林弹雨、格斗拳击等刺激、暴力的游戏,很抱歉,小店没有。当下,我就只能提供益智型和解谜型的游戏先开胃,虽然,多动症儿童可能会觉得反胃。

攻击、暴力、色情必须止步。对于自律能力不佳的多动症儿童来说,这是绝对不允许跨越的红线。

🔑 秘诀110 将电子产品放最后

一整天的待办事项,就像跑接力赛一样,父母请提醒孩子,别把电子产品安排在第一棒。

虽然有许多多动症儿童会"自告奋勇"地表示:"我想先玩电脑。""我想先玩手机。""我想先看电视。"但很抱歉,电子产品的后劲太强了。如果让它来跑了第一棒,孩子就会躁动不安,停不下来,时间也会被无限期延长。最后往往演变成:多动症儿童在玩了电子产品之后,就很难再衔接到当下该做的事,特别是需要阅读、思考与写作的事情。

父母请协助孩子彻底执行:先做该做的事,再做想做的事和喜欢做的事。

父母在同意孩子使用电子产品之前,需要先确认孩子有没有把该做的事情做好。绝对不接受"等一下"或者"我要先玩"的回应。

你的孩子被手机和iPad绑架了吗？

在从事儿童青少年心理咨询实务工作中，我发现当父母允许孩子先玩电子产品，这样的模式经过一段时间的操作后，接下来，孩子就很难切换到他原先该做的事情上。有时，孩子经历了很长一段过渡和适应后，仍然无法顺利进入状态，做该做的事。

如果我们把电子产品视为孩子的一种娱乐方式，就应该将它的位置排在最后。孩子能够维持专注的时间有限，如果让电子产品先吃掉了孩子宝贵的心思，耗尽了他的体力，那么他能够运用的将所剩无几。

🔑 秘诀111　时间到就马上停，干净利落

多动症儿童在使用电子产品时，同样必须坚持"定时定额"的原则，使用时间与额度要固定。

父母首先要守住前面所提到的"先做该做的事，再做想做的事和喜欢做的事"的原则。等孩子尽责地完成待办事项之后，再依彼此原先约定好的时间，量少、定额地让他使用。

电子产品很容易让孩子流连忘返，对于多动症儿童来说，更像是坠入不存在的时空之中。父母的嗓门没开、定时器没响，他就继续沉浸在这虚拟、充斥着声光的深渊里。电子产品的世界让多动症儿童有一种"自己也能全神贯注"的假象。

多动症儿童使用电子产品的时间管理与自我控制是一项难度极高的挑战。在他使用电子产品的过程中，父母有必要让他练习觉察时间的流逝，并且时间一到，马上停手，不能有任何的托词与借口。这决定了多动症儿童能否在电子产品的诱惑下全身而退。

🔑 秘诀112　孩子玩电子产品，父母要陪伴在旁

父母对孩子接触电子产品采取眼不见为净的全面管制办法，未免过于消极，毕竟在生活、学习、人际中，孩子与电子产品总有"狭路相逢"

的一天。更何况,现在大人与孩子早就暴露在电子产品的包围圈里了。

面对电子产品,多动症儿童应适可而止,这是比较安全的做法。但如果需要通过电子产品来了解眼前的孩子,甚至在不得不使用的情况下,如何让孩子能"优游其间",也是一件值得思考的事。

孩子玩电子产品时不要落单。这并不是要孩子呼朋引伴地玩电子产品,而是当孩子使用电子产品时,父母最好守候在旁。

父母不需要同步和他玩电子产品,但是父母的身影、父母的存在对沉浸在电子产品世界的孩子来说,多少是一种噪声或干扰,同时也是一种提醒:父母在这里,玩游戏,请孩子点到为止。

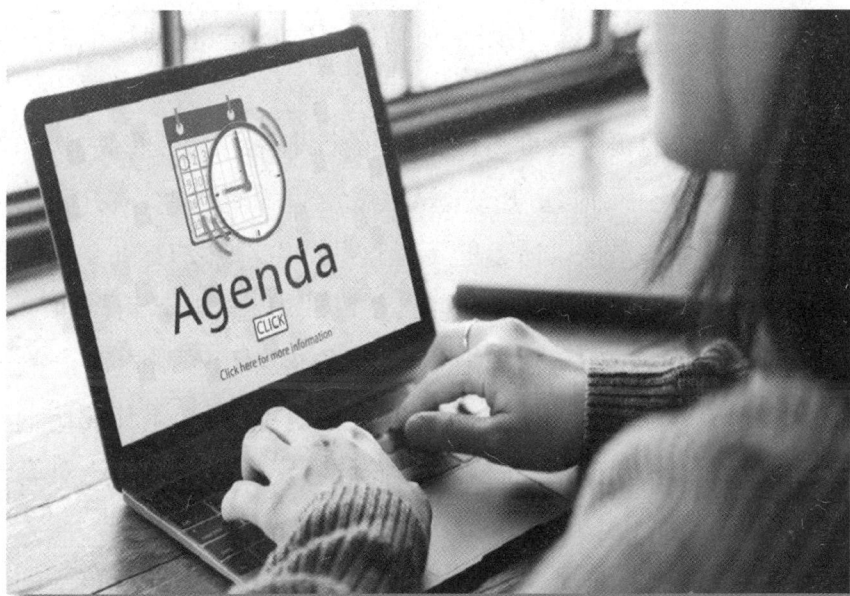

问题二十七

【亚斯伯格症(自闭症)儿童对电子产品过度执着】
兴趣的扩展与话题的延伸

亚斯伯格症(俗称自闭症)的孩子对于特定事物的执着是有目共睹的。对于父母来说，当孩子太过投入于特定的兴趣与爱好，到底该不该让其继续"沉迷"下去，这常常是个两难的抉择。

与亚斯伯格症孩子相处，你会发现，当他一旦锁定目标，就像豹子遇见肉汁鲜美的兔子一样，他会全神贯注在这件事情上。

亚斯伯格症的孩子有排他性，因为过于专注在特定事情上，所以对其他的事物没兴趣、没感觉，关闭了所有注意力的窗，这使得他们很容易钟情及专注在某个领域上。

如果这些专注的领域或事物，与孩子的课业学习内容有关，例如对数学、天文、物理、化学、地理、历史、昆虫或语言等感兴趣，或许父母还会松一口气。但是如果孩子所爱的不是这些，相反地，却是在父母的印象中与学习背道而驰的电子产品，这时，父母的烦恼与担忧可想而知。

在临床实务中，我的确经常遇见亚斯伯格症孩子对电子产品着迷的案例。电子产品对于一般的孩子是一种诱惑，而如果让亚斯伯格症的孩子遇上了，他与电子产品关系的发展将更为迅速、深入、难舍难分，甚至可以让他宅在家里，足不出户。

如果事情发展到上述严重的程度，会让许多亚斯伯格症孩子的父母既灰心又无能为力，由此导致的孩子辍学、拒学、休学的例子，不时可见。

而父母要和孩子开门见山地沟通，更是难上加难。"不要说谈，他连房间的门都锁住了,可以窝在里面连续几个小时。"有的父母无奈地抱怨说。这时,父母觉得与亚斯伯格症孩子像是处在两个不同的星球上,咫尺天涯,无缘相见,但明明又处在同一个屋檐下。

难道父母要破门而入吗?

别闹了! 对于亚斯伯格症孩子,如果父母选择如此激烈的方式,孩子不和你起肢体冲突或离家出走才怪。有时,父母就怕激怒了孩子。当亚斯伯格症孩子歇斯底里时,我们实在无法预期他会做出什么不可逆的行为。

"让他玩电子产品,至少他人还在家里。"这是许多父母无可奈何的办法。

破解电子产品与网络成瘾共伴效应的秘诀

🔑 秘诀113　取得启动对话的密码

🔑 秘诀114　别被列入黑名单

🔑 秘诀115　从孩子感兴趣的话题切入

🔑 秘诀116　主动与孩子分享

🔑 **秘诀113　取得启动对话的密码**

面对这个棘手的问题,父母请先试着确认孩子着迷的点,例如,哪些领域、游戏、程序、软件或社交网站,让孩子流连忘返。

先接纳孩子现在使用电子产品的状况。虽然父母不认同孩子所做的事,但这却是让父母有机会走进孩子内心世界的第一道关卡。

父母得先取得启动与孩子对话的密码。

秘诀114　别被列入黑名单

面对亚斯伯格症孩子,父母一定要提醒自己,避免第一回合就被他列入"黑名单"。

在亚斯伯格症孩子的二分世界里,一旦父母一脚跨入"黑"部落,父母和孩子的关系就很难翻转了。

第一印象是很重要的。与亚斯伯格症孩子相处时请记得,不要心存"强迫孩子做什么"的想法。

如果对于亚斯伯格症的孩子有一丝丝的了解,父母就会发现"他们是无法被强迫的"。当父母采取强硬的方式,无论是拉高说话音调、放大说话音量,还是字里行间一味地要求命令,甚至和孩子发生肢体碰触,都只会把亲子关系搞得更僵,无济于事。

秘诀115　从孩子感兴趣的话题切入

虽然亚斯伯格症孩子无法被强迫,但是却很单纯地容易被转移,如果方法得当,他们甚至会打破一般人认为他们很难相处的刻板印象。只要父母试着从孩子感兴趣的话题切入,或许他的眼神没有直视你,但不妨碍他侃侃而谈让你招架不住。

这时,沟通的门为父母打开了。从孩子感兴趣的话题中,父母试着去发现和感受孩子的着迷之处,当然,也要发挥一下福尔摩斯的推理精神。

父母请试着在孩子着迷的内容当中寻找,是否有如钻石般的亮点。比如孩子对网络游戏程序设计很着迷,或者对于当中角色如数家珍,或是陶醉于银河系的九大行星里。

让这些亮点与其他媒介相联结。例如,当孩子热衷于上网浏览银河系的数据时,父母可以引导他和你一起去图书馆收集数据,或者去一趟天文馆,用天文望远镜看看真正的天体。

因势利导地顺着孩子对电子产品的兴趣,将他渐渐带出电子产品的世界。如果孩子能够在虚拟与现实中切换自如,在屏幕前和家门外交错穿梭,那他对于电子产品着迷的黏性就像便利贴般,容易撕下来,再重新贴上。

秘诀116 主动与孩子分享

我常常引以为傲的一件事,就是主动与孩子"分享"这件事。例如每回只要在网上看见有意思的新闻、网页或影片,我都会先保存起来,再找适当时间和孩子分享。我因为演讲关系常在各地走动,遇见了新鲜事,回家也会分享。

父母主动与孩子沟通和分享,这是制造亲子话题的好机会和好方法。电子产品真的不坏,就看我们如何去使用它,发挥它最大的效用。

有时,我的分享会引起孩子的关注与笑声。有时则换来"哦"一声,孩子瞄了一眼后,随即感到无趣地转身离开。虽然偶尔会感到有点热脸贴冷屁股,但这也让我有机会检视自己对孩子的了解与熟悉程度。

遇到亚斯伯格症的孩子,父母也可以参照我上述的做法与孩子主动沟通和分享。

电子产品是否让亲子之间的话变少了? 这要看父母和孩子是如何使用电子产品的。

其实,电子产品也可以变成亲子沟通的媒介、平台,或者是一扇窗,只要你和孩子不是各自低着头看手机,没有交集——在这种情况下,对话当然明显减少了。

在以亚斯伯格症为主角的电影《阿蒙正传》(*Simple Simon*)里,阿蒙对哥哥的前女友菲达说:

"我不能改变,但你可以。"

你的孩子被手机和iPad绑架了吗？

同样的道理，在与亚斯伯格症孩子沟通时，如果父母愿意寻求改变，那么孩子脱"瘾"而出的概率也将相对提高。

孩子需要拓展兴趣与改变生活重心，重新编织出一种生活形态。世界如此之大，跳开手机、平板电脑和台式电脑屏幕，孩子需要放眼外面的世界，那片更为宽广的"屏幕"——孩子需要懂得如何生活。

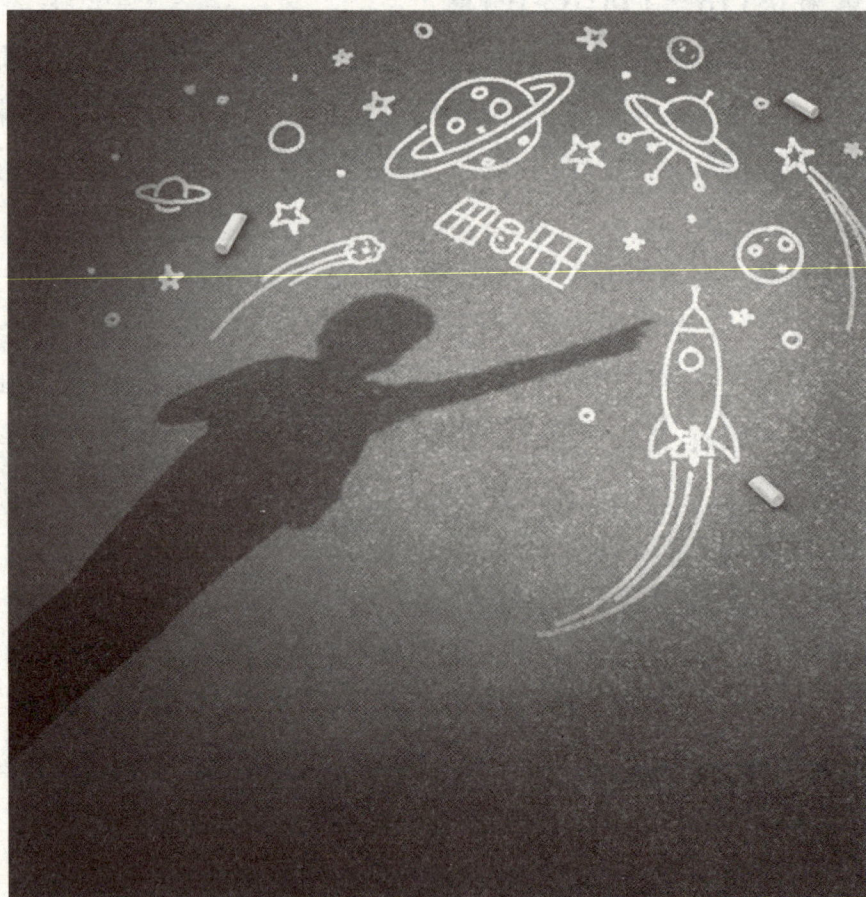

问题二十八

【强迫症与网络成瘾形影不离】
同理孩子情非得已的焦虑

"不能按,不能按,我不能按。"面对眼前一片漆黑的电脑屏幕,启仁在心里反复告诫自己,但是,他的手指头却一直在键盘上抖动着。"忍住,忍住,这回我一定要忍住。"

他试着将双手紧握,生怕控制不住自己的手指头而按下开机键。因为他十分清楚,一旦启动了电脑,自己又将耗掉好几个小时在网络上。

但是,就是这个"但是",又让启仁忍不住把手指头轻轻地放在开机键上。他脑海里的撒旦还在作祟,有个念头像插播广告般不断地弹跳出来,让他感到厌恶,却又招架不住。"我要全面掌握信息,不能有遗漏,否则将来会被淘汰。"这句话像魔音般,让启仁分了神,根本无法专注在眼前的学习中。

"全面掌握信息,全面掌握信息,全面掌握信息。"这股"全面"掌握信息的想法,像龙卷风般把他的焦虑卷了起来。

启仁的手指头抖动着。不,准确地说,应该是他全身都在抖动着。暗黑的电脑屏幕像要把他吞噬,令他感到非常痛苦。

"全面掌握信息,全面掌握信息,全面掌握信息。"启仁深深地吸了一口气,"只要一次就好。"他在心里暗示着自己,但左手食指早已抢先一步按下了开机键,电脑屏幕启动了。他紧绷的神经顿时松懈了下来,焦虑感缓解了不少。

一如既往,启仁仍然不断地切换着网页。极快的网速,再加上网络的超级链接,让他以短短数秒的速度查看着一个又一个网页。但与其说他在查看网页,倒不如说他在那一个又一个弹跳出的网页里找到了让心中焦虑得到缓解的方法。

当然,启仁也知道,这样的缓解只是个假象。"全面掌握信息"的强迫念头将让他一整个晚上没完没了地在网页之间切换。复制、粘贴、粘贴、复制,下载、另存、另存、下载……一切终将像个死循环般,没完没了。

强迫症是一种高度痛苦的焦虑病症。当事人自己很清楚自己的痛苦,但他却不见得想要让别人知道。然而,这些被当事人刻意隐藏、不为人知的"怪异"想法,却很容易在日常生活中通过强迫行为显现出来。

但强迫症患者怕被看见、怕被发现的焦虑,更容易引起他另一波的焦虑。焦虑让强迫性的思考又开始运转,思考一运转又导致焦虑,当事人就只好通过一些仪式性、重复性的行为、动作或认知活动,来减缓这些焦虑。

当事人也知道这些重复性的行为很奇怪而且不该,但是这么做,至少让他在第一时间轻松许多。当然,这样的轻松是相当短暂的,没多久,强迫性思考又启动,焦虑感又上升,没完没了的焦虑像死循环一样不停地循环。

破解电子产品与网络成瘾共伴效应的秘诀

🔧 秘诀117 　体贴孩子"不上网不行"的不合理念头

🔧 秘诀118 　责骂只会雪上加霜

🔧 秘诀119 　让孩子感受到父母想帮助他

🔧 秘诀120 　运用"面对刺激,不反应"的技巧

🔑 秘诀117 体贴孩子"不上网不行"的不合理念头

一般人上网、用手机，可以转移自己的注意力，以此获得身心的缓解与放松。患有强迫症的孩子也是一样，只不过，造成他不断上网、使用手机的原因，主要是有一股强烈的强迫性思考在推动着他：不上网不行。

当孩子有了自我觉察，他会知道这样的念头是不合理的。但重点是，他自己没有办法控制这样的念头出现。

患有强迫症的孩子和患有亚斯伯格症的孩子不一样。亚斯伯格症孩子认为"事情就是那样"，例如有些孩子根深蒂固地认为就是需要全面地掌握信息，所以他要上网，这样他才能掌握全部内容。如果你不让他上网，就阻碍了他走向全面掌握的路，这会让亚斯伯格症孩子情绪波动，甚至歇斯底里，因为你破坏了他固有的想法——全面掌握信息的想法。

强迫症的孩子则不同。他自己知道全面掌握信息是不合理的，但无奈又无力的是，他自己知道，却控制不了这样的想法不断地弹跳出来。

🔑 秘诀118 责骂只会雪上加霜

在面对患有强迫症的孩子过度使用电子产品和网络的问题时，父母可能也会认为他沉迷、成瘾。但是说真的，这时父母指责他、谩骂他或处罚他，后果只会雪上加霜，因为这并没有解决核心问题。

责怪的后果，只会让孩子认为父母不了解他。

父母的责骂甚至会引发孩子另一层面的压力，压力又唤起焦虑情绪，拨弄着孩子的强迫性思考，这时，父母的介入反而弄巧成拙，越帮越忙。

🔍 秘诀119　让孩子感受到父母想帮助他

患有强迫症的孩子,其实心思是很细腻的。如果父母愿意协助他,让他感受到父母想和他一起面对、处理他的困境,他会非常感谢。

我在实务工作中发现,患有强迫症的孩子发现你真诚地愿意与他一起工作时,他也很容易敞开心扉,向你表露他脑海里不想让人知道的不合理念头。

当孩子愿意开口了,这也意味着亲子之间紧张的关系得到了缓解。当孩子开始信任你,也代表他愿意让你帮助他一起改变自己。

🔍 秘诀120　运用"面对刺激,不反应"的技巧

当面对刺激时,不做出反应,这是实务中协助强迫症患者时常常运用的技巧。

在具体执行的过程中,当孩子面对电脑却不能按下开机键启动,面对手机却无法动手滑动,在那个时刻,他是非常焦虑不安的。

父母可能会想:"别那么残忍,就让他看个几下,滑个几下,不会怎样的。"

但关键就在这里。

当孩子面对眼前的刺激时,例如电子产品,强迫性的思考驱动着他想启动网络,拿起手机,但如果他可以控制自己不执行这道指令,那他在当下就控制住了自己强迫性的行为。

但不执行指令会让孩子焦虑难耐,这时,父母可以试着引导他进行放松的练习,比如做个深呼吸,聆听轻柔的音乐,翻看漫画,伸伸懒腰,浇浇花,在房间内走动,洗把脸,冲个澡,走到窗户边吹吹风,任何只要能让他放松的方式都可以。

当然更重要的是,要让孩子知道"自己对刺激的不反应行为"顺利

完成,他没有上网,没有碰手机,什么事情都没发生。这样的事实向孩子证明了:原本他担忧会发生的事,其实并没有如他所预期的那样发生。不用再去管强迫性思考了,也别再让它吓唬你,一切被放大的担忧其实是不存在的。

当然,这个暴露不反应的方法不会一次就奏效,而是需要一次又一次地练习。从控制不反应、焦虑感浮现、转移放松、想法的再确认到没什么事情发生,如此一遍又一遍地练习。

我想要强调的是,面对孩子在网络上疑似沉迷、成瘾,有时并非只是表面上我们所看到的单纯的网络滥用的问题。特别是对于青春期的孩子来说,了解他们网络行为背后所隐含的信息,是相当重要的一件事。

问题二十九

【选择性缄默症的网络存在之道】

阶段性沟通与表达的平台

一回到家，品睿马上进入房间。他按下电脑开机键，开机画面弹跳出来。他伸了个懒腰，深深地吸气、吐气，活络一下僵硬的身体，迎来他一天中最自在的时刻。

他白天在学校忍了一整天，不，应该说是焦虑了一整天，不敢开口说话。但是回到电脑屏幕前，他转换到另一个自己。匿名，让他在线上可以畅所欲言，因为没有人知道他是谁。

在线聊天室里，他不用担心别人会说"我听不清楚你在说什么""你再大声一点"这些从小到大让他既厌恶又害怕的话。通过键盘，他把字一个一个敲打出来，它们就那么结结实实地落在屏幕上，代替了他白天想说但没说的话。这让他可以免除说话带来的焦虑与困扰。

品睿心里很清楚地知道，他在学校不说话是为了让自己站在一个制高点，他可以决定哪些话要回、怎么回，哪些话根本无须理会。有时一整天下来，他一句话都没说。但这样保持缄默，还是会让他浑身不自在。

然而，在网络上就完完全全不一样。他手指头敲打着键盘，像是在为白天无法开口的嘴巴复仇，压抑许久的心里话，回到屏幕前便倾巢而出。一天里，他等待的就是这个时刻。有时敲打着键盘，他觉得自己就像在钢琴上弹奏着轻快的旋律一样，让他心情自在飞扬。

但是父母却始终无法理解他为什么回到家就窝在房里，待在电脑屏幕前。

"我必须说网络拯救了我，在线上我还有存在的感觉，可以像别人一样畅所欲言。

"你们无法体会那种想说又不敢说的痛苦,同学们常常窃窃私语,说我像个哑巴或小媳妇似的,不敢哎一声。在班上还有人故意提问题让我回答。而且,不时也会遇到搞不清楚状况的老师,硬是要我站起来回答问题。

"你可以想象,一个人在教室里站着,杵在那里呆若木鸡有多尴尬。但是回到线上,一切都不一样了。"

上面这些才是品睿的心里话。

望着电脑屏幕,品睿心里激动不已。与其说他沉迷于网络,倒不如说,网络聊天室让他感到自己还是可以像其他人一样侃侃而谈,只是这回是通过键盘说话——那些憋在心里许久的话。

选择性缄默症是你预期他应该在该开口的场合说话,但他却选择缄默。患病的孩子并非说话有问题,不是哑巴,也非泛自闭症孩子。在某些特定的场所,例如学校,他就是不说话,可是在家里说话又可以很自然。在临床上,这是一种属于焦虑的疾病。

在校园咨询的过程中,我发现选择性缄默症的孩子回到家后往往会长时间窝在电脑前,让他自己放松一下。但父母通常无法理解,总觉得孩子在学校不说话,成绩也退步了,哪有回家还成天窝在网络上的道理。

有时,还可能会发生更糟糕的状况:有些孩子回到家也不愿意和父母说话。这种"不说"通常和在学校的"不说"不一样。学校里的不说是一种焦虑,在家里则是不愿意说。

破解电子产品与网络成瘾共伴效应的秘诀

🔍 秘诀121　自我表达的阶段性平台

🔍 秘诀122　化为对话的媒介

🔍 秘诀123　预防孩子依赖网络替他开口

🔑 秘诀121 自我表达的阶段性平台

网络是一种替代性媒介,让缄默的孩子有了表达自我的出口。这样的平台有它阶段性的任务与角色,父母先不要急着把它从孩子身边移除。父母可以试着了解孩子使用网络的状况:他是流连于在线游戏,还是热衷于聊天室或其他地方?

如果在聊天室里有孩子班上的同学或认识的人,这当然最好。有些孩子适合笔谈,就像在线使用键盘打字一样,这也是另一种自我表达的方式。

父母可能还是希望孩子能够直接开口讲,但是面对选择性缄默症的孩子,请少安毋躁。一切急不得,父母需要一步一步去了解孩子的内心想法。

网络是一种媒介,如果它能够阶段性地舒缓孩子的焦虑情绪,或扮演沟通表达的平台,父母可以试着先去接纳它。

🔑 秘诀122 化为对话的媒介

曾经与选择性缄默症孩子接触过的老师、治疗师、心理师或医生,大都有这样的体验:他们对于问题的响应,不是选择沉默,就是简单地以点头、摇头,是、不是,有、没有或不知道来回应。

网络或许提供了一个平台,让孩子觉得他还有可以表达的空间。如果彼此的咨询关系建立到一定的默契程度,心理师或父母也可以通过网络与孩子进行沟通。

🔑 秘诀123 预防孩子依赖网络替他开口

父母请试着在家里帮孩子重现他在学校选择不开口的原因,及他所面对的说话困境。孩子必须意识到,选择性缄默对于自己在学习、人际、生活,甚至未来工作的影响。

当然,还必须强调一件事:面对选择性缄默症的孩子,在预期该开口的时候,他是需要慢慢尝试说话的。

有一件非常残酷的事情,必须适时让当事人,特别是青春期的孩子及父母了解:出了校门进入社会时,没有人会管你以前在学校开不开口。

请别让孩子最后变成依赖网络来代替自己开口的人。

问题三十

【拒学孩子沉迷于网络】

引导孩子顺利回归校园生活

如果拒学与网络沉迷交织在一起,形成共伴效应,这对于孩子来说,将是一种毁灭性的摧毁。

到底孩子是沉迷于网络而拒学在家,还是拒学在家而沉迷于网络?这个看似鸡生蛋、蛋生鸡的难题,其实还是可以弄明白的。

先来谈谈"拒学"和"惧学"的关系。我们可以把两者比喻成大饼和小饼。拒学范围比较大,涵盖了害怕、畏惧、逃避上学的惧学,以及懒得上学、抗拒上学等种种表现。

拒学的孩子没去学校时,人如果在家里,父母要留意观察他在家里做了什么。由于孩子在家的时间相对较长,如果再加上父母外出工作或照顾者无法监督孩子使用电子产品,在这种情况下,孩子接近电子产品的概率自然就很大。

实务中,有些惧学的孩子虽然没有上学,但是在家里仍然愿意继续学习。对于同学或老师转达、告知的家庭作业,有些孩子仍然愿意去做。生活作息规律的也有,只是人没有去上学。

这样的孩子在处理其惧学问题时,其实相对简单,可以把焦点锁定在"孩子惧学"这件事情上。

关于孩子拒学和惧学的问题,父母需要从寻找背后的原因做起。

惧学的孩子在被强迫出门前,经常会出现激烈反抗、歇斯底里、僵硬不动、害怕、焦虑等行为及情绪。所以,父母要先确认及定位孩子的压力源,例如:

● 他是否在学校被欺负、遭受霸凌而畏惧；

● 还是老师教学过于严格，他担心被责骂与处罚；

● 或是因为学习成绩不好，他自尊心和自信心受挫，想逃避考试等原因。

如果父母妥协了，允许孩子不上学。这时，孩子被唤起的负向情绪会逐渐得到舒缓。

当拒学与网络沉迷出现共伴效应，父母该如何解决与面对？

破解电子产品与网络成瘾共伴效应的秘诀

🔍 **秘诀124** 拉起电子产品的封锁线

🔍 **秘诀125** 将社交网站作为了解的窗口

🔍 **秘诀126** 让孩子感受"我做得到"

🔍 **秘诀127** 营造对话的家庭氛围

🔍 **秘诀128** 寻找吸引孩子回归校园的诱因

🔍 秘诀124　拉起电子产品的封锁线

惧学的孩子之前在校期间可能学习成绩还可以，但因为惧学，可能会有大部分时间待在家中。对于此类惧学在家的孩子，父母请一定做好防护措施，拉起"电子产品封锁线"，别让孩子因长时间在家，转而沉迷于手机、平板电脑、台式电脑、电视等电子产品和网络的世界里。

有些惧学或拒学的孩子，在出门前，常容易出现身体的问题，他会告诉父母他头痛、胃痛、恶心，但当父母要带他看医生时，他却拒绝。而只要不用上学留在家里，这些状况又会立即消失不见。

如果孩子拒学在家又接触电子产品，父母可以向他提出质疑：既然身体不舒服,照理说应该躺在床上休息或看医生,哪还有精力玩电子产品呢? 孩子需要说服父母,否则,须远离电子产品。

当孩子害怕、逃避或畏缩上学而选择待在家里,这样所换来的安全舒适的感受,对孩子来说是一种"获得"。如果在家又可以享受电子产品带来的娱乐,又是另一种"获得"。双重获得的叠加,将强化孩子继续不上学的念头。

🔍 秘诀125　将社交网站作为了解的窗口

电子产品也可以发挥积极作用。

电子产品可以作为孩子与同学、老师沟通的平台,让孩子与学校仍然有互动和联系。例如,有些惧学的孩子会通过社交网站和同学互动,了解学校与班级的近况。这时,电子产品的介入,目的在于缓解孩子害怕、畏缩的情绪,增加他去学校的动力。

但父母请注意,在孩子使用电子产品和网络时,你须陪伴在旁,确认孩子确实是与同学互动,而非上网玩游戏、看影片等娱乐性质的内容。

🔍 秘诀126　让孩子感受"我做得到"

惧学的孩子需要成功的体验,要脱离网络沉迷也是一样。"我做得到!"这种实际的证明很重要。

父母不妨慢慢地、系统地帮助孩子消除惧学心理。怎么做呢?

可以先陪伴孩子上学,时间长短、陪伴的地点和距离都可以适时调整,让孩子安心。

趋近所害怕的情境,这是克服恐惧的一个大方向。害怕上学,就得让孩子逐渐走在上学的路上。

同时,父母要让孩子了解,他原本担心或畏惧的事情并不会发生。

帮助孩子逐步减少停留在电子产品屏幕前的时间,让孩子感受他做得到。

秘诀127 营造对话的家庭氛围

当孩子拒学,父母使用威胁的办法,状况只会雪上加霜,孩子很难因此妥协而断然离线去上学。

如果孩子愿意和父母谈,那当然最好。但是说真的,在许多家庭里,让孩子主动开口与父母对话有时比要孩子脱离网络还困难。

因此,在家庭中营造对话的氛围是父母需要努力并始终坚持去做的一件事。

和拒学与沉迷于网络的孩子沟通,父母请先抛开上对下、命令式的对话方式。老实说,这也不叫沟通,而是一种命令。很抱歉,父母的这种命令青春期的孩子是不听的。如果这样的"命令"能发挥效果,那么这一部分父母可以忽略不看,因为你的孩子拒学或网络沉迷的状况或许早已解决了。但是,这样的概率真的不高。

父母可以尝试用下面的句式开启与孩子的沟通和对话:

"父母怎样做,你愿意上学?"

"父母怎样做,你愿意离开网络?"

这样的句式可以让孩子感受到父母帮助他的意愿,也让孩子能主动思考自己到底需要什么样的具体帮助。

秘诀128 寻找吸引孩子回归校园的诱因

在辅导咨询中,我曾碰到过的最棘手及复杂的情况是孩子没去上学而在外游荡。这种情况下,父母除了要防止孩子参加帮派聚众滋事的情况发生外,也应该防范孩子因沉迷于网络而成天窝在网吧里的现象发生。

这种情况下孩子拒学存在着较多反抗的意味,而且孩子处在鱼龙混杂的网吧环境,除了拒学及网络沉迷之外,也有可能出现违法行为,踩了法律的红线。

面对如此的拒学,父母需要思考的是:如何让孩子愿意回归学校?

先别谈什么"上学是义务教育"这种对孩子来说超级无感的大道理。父母不想孩子在家或在网吧就读"电子小学""电子初中"或"电子高中",但是是否有任何诱因,让孩子愿意跨入自己该去的学校呢?例如增加电脑课程的安排,或同学接纳他一起参加社团,等等。

拒学的成因相当复杂,有时,连当事人都不十分清楚。

至于引导孩子回归校园的诱因,每个孩子的需求不同,例如被接纳、被肯定、被认同,有表现的机会与成就感,甚至认为"好玩",都可能是其中的因素之一。

帮助孩子回归学校,让孩子远离网吧,挥别对网络的沉迷,恢复以往规律的生活作息。破解拒学与网络沉迷的共伴效应,需要我们大家一起携手努力。